POURQUOI J'IRAIS TRAVAILLER

Éric Albert
Frank Bournois
Jérôme Duval-Hamel
Jacques Rojot
Sylvie Roussillon
Renaud Sainsaulieu

Deuxième édition

EYROLLES

Groupe Eyrolles
61, bd Saint-Germain
75240 Paris Cedex 05

www.editions-eyrolles.com

Les dessins de Gabs sont extraits des livres suivants :
– *La vie en entreprise, Usine Nouvelle*, 1998.
– *Tout est psy dans la vie*, Eyrolles, 2002.
– *Réunion, je me marre*, Eyrolles, 2003.

Ce livre est dédié à Renaud Sainsaulieu, décédé alors que la première rédaction de cet ouvrage s'achevait.

De lui, nous conserverons le souvenir intime d'un grand Ami, collègue et expert, marqué par la soif de connaître toujours plus l'alchimie fascinante des hommes et des femmes au travail. Nous lui devons tous beaucoup.

LES AUTEURS

Eric Albert, Psychiatre, Consultant et Coach d'entreprises, Président fondateur de l'IFAS (Institut Français d'Action sur le Stress).

Frank Bournois, Professeur de Management Général à l'Université de Paris II, Co-Directeur du CIFFOP (Centre Interdisciplinaire de Formation à la Fonction Personnel), Professeur à ESCP-EAP, Conseiller de Direction Générale.

Jérôme Duval-Hamel, Docteur ès Sciences de Gestion, CAPA, Administrateur Général d'une Organisation internationale, ancien dirigeant de groupes internationaux, Administrateur de Sociétés.

Jacques Rojot, Professeur de Sciences de Gestion à l'Université de Paris II, Co-Directeur du CIFFOP, Ancien Directeur de l'UFR Sciences de Gestion de l'Université de Paris I, Rédacteur en chef de la « Revue de Gestion des Ressources Humaines ».

Sylvie Roussillon, Docteur en psychologie, Professeur de leadership à L'EM.Lyon, Professeur associé à l'Université de Lyon III, membre de Conseils de Surveillance de Grandes Entreprises, Coach de dirigeants.

Renaud Sainsaulieu †, Sociologue, Professeur des Universités I. E. P. Paris, l'un des fondateurs de la sociologie d'entreprise, fondateur du Laboratoire de Sociologie du Changement des Institutions (CNRS) et de la Revue Sociologies pratiques. Il a présidé l'AISLF (Association internationale des sociologues de langue française).

Ils sont tous auteurs de nombreux ouvrages de référence.

SOMMAIRE

INTRODUCTION

La réponse pourrait paraître évidente a priori : « On travaille tout simplement pour gagner sa vie. » Elle s'avère toutefois bien plus complexe. Beaucoup d'entre nous ont beau savoir qu'ils n'ont pas le choix, cette question revient certains lundis matin... avant de se révéler récurrente, lancinante tous les jours de la semaine. Chacun la règle à sa manière par un compromis entre des comportements extrêmes, la rupture, la résignation, l'engagement sur mesure ou l'investissement total.

Un certain malaise est installé, constaté par de nombreux observateurs des différents champs des sciences humaines.

De leur côté, les employeurs ne savent plus sur quels ressorts agir pour fidéliser les collaborateurs les plus précieux pour l'entreprise. Comme on le constate souvent, l'entreprise commence par traiter cette question sur un mode anecdotique et matériel, en proposant toujours plus de services (pressing, garde d'enfants, mise à disposition d'ordinateurs portables), puis en revisitant, une fois de plus, la question de la motivation et de la rétribution monétaire instantanée et différée... comme si l'enjeu se nichait uniquement là !

Si cette question alimente aujourd'hui les discussions, on la trouve déjà chez Platon, qui nous invite à réfléchir. Évidemment, le travail a pour première vocation de nous donner les moyens de vivre :

« Mais en vérité et il est bien sûr que le premier et le plus impérieux de nos besoins est celui de nous procurer la nourriture en vue de notre existence, de notre vie. Le second, celui de nous ménager un gîte ; le troisième a rapport au vêtement et à tout ce qui est du même ordre[1]. »

Plus encore, le travail renvoie au sens que l'individu souhaite donner à sa vie. Le travail n'est pas seulement source de produits mais aussi de vie sociale. Vecteur de réalisation de soi, il permet la création, l'épanouissement de l'imagination, les échanges et rencontres...

Le travail ne peut être analysé uniquement sous l'angle de l'individu car « une société est quelque chose de plus grand qu'un individu[2] ». Ainsi, dans l'interrogation pratique mais aussi philosophique « Pourquoi j'irais travailler... », c'est naturellement la société qui est interrogée :

« Pour la société, il s'agit de concevoir et de construire l'entreprise comme un instrument essentiel de la démocratie, en privilégiant les logiques de développement identitaire qui, au travail, débouchent sur la capacité citoyenne d'engagements solidaires dans des activités collectives[3]. »

Il faut bien reconnaître que la gestion des ressources humaines, apparue dans les années quatre-vingt avec son cortège d'outils et de techniques, ne résout pas de manière totalement satisfaisante la gestion de la motivation au travail. En effet, elle se limite souvent « à soutenir des personnes au travail, en attendant, de la seule addition de leurs efforts et de leurs comportements, une performance collective ».

---

1. Platon, *La République*, II, 369.
2. Platon, *La République*, II, 369.
3. R. Sainsaulieu in B. Ollivier et R. Sainsaulieu, *L'entreprise en débat dans la société démocratique*, Paris, Presses de Sciences Po, 2001, p. 204.

© Groupe Eyrolles

« Pourquoi j'irais travailler » dépasse donc largement le problème de gagner sa vie. Pour le salarié, la question est bien plutôt la relation au travail, l'équilibre entre vie personnelle et vie sociale, un projet personnel qui doit pouvoir rencontrer un ou des projets collectifs. Pour l'entreprise, l'enjeu est de taille : il s'agit de trouver un mode relationnel entre les collaborateurs qui leur donne envie de s'approprier les objectifs, de s'y investir dans des conditions qui ne soient ni la guérilla, ni l'atonie.

C'est ce cadre relationnel qui doit favoriser la créativité et stimuler l'énergie de tous, que nous avons ausculté auprès de plus de 1000 salariés. À l'heure de l'individualisme triomphant, cet impératif est d'une certaine complexité quant aux solutions concrètes à apporter. Nous proposons aussi dans cet ouvrage des recommandations pratiques en ce sens, grâce à la collaboration interdisciplinaire que nous avions mise en place et qui a guidé et nourri les résultats.

On ne peut méconnaître que la relation entre l'entreprise et les salariés n'est pas stable : elle est vouée à vivre des crises dans la simple mesure où la société change.

LE TERRAIN PARLE, *VERBATIM* :

« Pourquoi me décarcasser alors que, dans six mois, nous serons peut-être vendus ? »

« Moi, je travaille mais j'applique les trente-cinq heures. »

« Moi, je veux vraiment avoir du temps pour ma vie privée, sans pour cela être marginalisé au travail, parce que, même si je critique souvent, au fond, c'est plutôt sympa et, de toute façon, je ne m'imagine pas "ne pas travailler". »

« C'est super, j'ai plein de projets à réaliser, on m'a donné les moyens et j'ai beaucoup d'autonomie. »

« Je n'ai pas vraiment envie de travailler pour des gens que je ne connais pas ou pour des actionnaires volatils. »

« L'usine a vraiment changé, elle est propre et on a des responsabilités : pour que le travail soit tout de suite bien fait, on s'organise entre nous, comme pour les rtt, et ça marche ! »

« Je suis de plus en plus stressé : il faut toujours en faire plus en moins de temps et avec moins de personnes. »

« Quand j'essaie de dire que ce n'est pas possible, qu'on a déjà essayé et que ça ne marche pas, que je ne peux pas y arriver comme cela, on me répond que je suis résistant au changement, que je ne suis pas compétent, que je fais preuve de mauvaise volonté ! Et je ne peux rien dire, j'ai peur... »

« J'ai trimé pendant vingt ans dans cette boîte, et mon dernier patron, qui n'était là que depuis six mois, m'a débarqué sans égards. »

« À quoi a servi que je m'investisse dans cette entreprise ? Ils l'ont fermée alors que nous étions bons... mais nous n'étions plus dans le cœur des projets stratégiques. »

« À mon âge, mon père n'aurait jamais tenu ce haut niveau de responsabilités. »

« C'est super. Je n'en reviens pas, chez nous, on peut même échanger directement avec le président sur Internet. Ceci était absolument inenvisageable, il y a encore cinq ans ! »

« Je ne suis pas fou ; je ne vais pas signer leur document de délégation de pouvoir : je n'ai pas envie de prendre des risques et me retrouver au pénal. »

Première partie

QUE RESTE-T-IL DE NOS AMOURS ?

LA VALSE DES MODÈLES SOCIAUX

Sans remonter à la Rome antique et à l'opposition entre le *labor*, travail de l'esclave, et l'*opus*, l'œuvre du citoyen, rappelons brièvement les changements historiques dans la valeur accordée au travail : interdit à la noblesse de France, il fut longtemps présenté comme une souffrance utile... pour gagner son paradis, avant d'être présenté comme une source indispensable de respect de soi et de réalisation personnelle !

Dans le monde économique moderne, la relation au travail s'est construite sur un équilibre basé sur le *modèle fordien de production*. Autrement dit, la vie s'organisait autour de l'équation : travail répétitif-bons salaires-stabilité de l'emploi. Une courte période d'agitation (1968-1973) et de réflexion intense a remis en cause beaucoup des éléments de ce modèle.

Dans les années qui ont suivi, lorsque l'impact des chocs fut intégré, les entreprises et les salariés ont tenté de modifier, de façon réactive, cette relation au travail « fordienne ». Ils ont essayé de créer un mode de relation plus participatif et moins technologique. Est alors apparu *le modèle idéalisé de l'entreprise communautaire*. Les modes du projet d'entreprise et de participation ont été caractéristiques de cette époque. L'entreprise était devenue source d'identité individuelle et collective, de valeurs partagées.

Hélas ! la crise économique, les nouveaux impératifs financiers à court terme et les crises de l'emploi successives ont malmené ce modèle... pour laisser un goût d'inachevé et d'amertume... Mais aussi de grande méfiance vis-à-vis de l'entreprise et du travail : « je me souviens de mes parents qui y croyaient, qui ont beaucoup sacrifié et qui se sont fait virer ». Cette phrase d'un de nos interlocuteurs est un constat extrêmement répandu.

Depuis, tous s'essayent à un nouveau modèle de relation au travail. La « bulle Internet » et l'émergence de la nouvelle économie ont laissé croire quelque temps à l'apparition d'un nouveau type de relation à l'entreprise. Mais ce modèle n'a duré que très peu de temps... le temps d'une bulle.

Que reste-t-il ? Sur quelle base salariés et dirigeants vont-ils gérer, organiser, dynamiser, construire la relation de travail ?

C'est ce que nous examinerons après avoir présenté succinctement l'évolution historique de la relation au travail au travers de trois temps majeurs : le modèle social de croissance, le modèle participatif et... la fin des modèles ?

CHAPITRE I – PREMIER TEMPS : LE MODÈLE SOCIAL DE CROISSANCE

Le modèle fordien est à la base d'un premier modèle social. Apparu dans le contexte de la croissance industrielle américaine d'avant-guerre, il propose une régulation des rapports salariés-entreprise.

S'inspirant des avancées de la science des organisations, Ford invente le travail à la chaîne – ce que Friedmann appellera plus tard le « travail en miettes ». La productivité de l'entreprise se bâtit sur la répétitivité de tâches simples dans un cadre opérationnel rigide. On peut ainsi faire construire des voitures standardisées à un coût réduit par des ouvriers correctement payés, garantissant des possibilités d'achat aux classes moyennes et modestes. La société de consommation est née !

LA GESTION SOCIALE ÉMERGE

Après-guerre naît en Europe une dynamique sociale qui va compléter le modèle fordien initial : le modèle social de croissance est né à son tour. Il repose d'abord sur des relations professionnelles négociées avec les syndicats, pour gérer les retombées économiques et sociales de la croissance. Gestion collective des rémunérations, promotion sociale des salariés ainsi que formation pour adultes se développent.

La chaleur humaine est réintroduite dans la froideur des règles formalisées de Fayol et Taylor. En France, les entreprises publiques (Renault, EDF, SNCF, Poste, Telecom, RATP) sont les modèles, tandis qu'en Allemagne la dynamique de la cogestion renforce encore ce compromis. Michel Albert parlera plus tard du « capitalisme rhénan » pour désigner ce pari négocié sur la croissance, où les salariés gagnent de meilleures conditions de travail et rémunération, tandis que les employeurs gagnent une productivité fondée sur la rationalisation du travail et le développement de leurs entreprises.

Le « pourquoi j'irais travailler ? » d'alors s'inscrit dans le modèle social de croissance. Le modèle social fordien est ainsi relancé pour trente années en Europe, après la crise et la guerre, sous une forme plus explicitement partenariale. Suivant les pays, les secteurs industriels et les entreprises, il présente des degrés plus ou moins marqués de coopération, tempérés par des manifestations de conflictualité plus ou moins avouées ou implicites.

LE MYTHE D'UN SYSTÈME STABLE

C'est au cours de cette période que se créent des attentes fortes en matière de stabilité du revenu, du salaire et de l'emploi. La prospérité plus générale ne fait pas décroître les revendications, car elle n'affecte pas, de la même manière, l'ensemble de la population active. Si les différences de statut sont en effet plus faibles, elles sont cependant mieux mises en évidence.

La relation à l'entreprise est caractérisée par une véritable fidélité à son égard, volontaire ou contrainte. Des générations de managers développent la gestion de leurs subordonnés autour des éléments de cette valeur, et ces mêmes subordonnés canalisent leur énergie dans ce cadre. Les luttes internes semblent renforcer le sentiment collectif d'appartenance et de lien à l'entreprise.

Ce modèle social de croissance corrige en partie les brutalités du compromis fordien. Les pratiques de développement social au sein des entreprises (souvent marquées de paternalisme) laissent un héritage durable. Elles sont la base des transformations que nous connaissons (globalement c'est l'entreprise qui assume le coût de l'adaptation aux aléas : stocks importants, régularité des horaires, CDI, emploi à vie, formation et qualifications…).

LA CHUTE DU MODÈLE

Ce modèle social de croissance va être ébranlé par deux secousses majeures : l'une est sociale, l'autre, économique. Couvant depuis un certain temps, des phénomènes nouveaux apparaissent brutalement dans toute l'Europe : mai 1968 en France, automne 1969 torride en Italie, troubles en Allemagne… Les statistiques des conflits sociaux pour la période 1967-1974 explosent.

Les incidents de l'usine de Red River de la General Motors montrent que les États-Unis ne sont pas à l'abri du mouvement.

L'amélioration des conditions de travail devient une demande et une préoccupation majeure, avec, par exemple, le conflit des OS de l'usine Renault du Mans en 1971. Le mode de vie de la classe moyenne, apparue massivement dans la période précédente, est remis en cause. Les conflits qui explosent ne sont plus centrés sur les salaires, mais sur le mode de vie au travail et hors travail. Le rapport au travail dans sa forme héritée du modèle social de croissance est ébranlé, contesté, attaqué.

C'est l'époque où les syndicats de Fiat tentent en Italie de négocier l'augmentation de la production d'autobus plus « socialement utiles » par rapport à celle des voitures particulières. En France, la CFDT se proclame autogestionnaire et la CGT, eurocommuniste. Aux revendications contre « l'exploitation » matérielle de la classe ouvrière viennent s'ajouter celles contre « l'aliénation » propagée par le système culturel et éducatif, et « la domination » hiérarchique propagée par le système social. Les grèves avec occupation, production « sauvage » et séquestration sont les outils de ces luttes qui visent la hiérarchie autant que les niveaux de salaire, avec des objectifs très vagues, mais globaux, de transformation sociale.

Les chocs monétaires et surtout pétroliers du début des années soixante-dix déstabilisent définitivement le modèle social de croissance.

Les préoccupations majeures des salariés se déplacent vers des problèmes immédiats et nouveaux, infléchissant leurs comportements vers des stratégies plus individualisées. Garder son emploi devient le premier enjeu. Les syndicats qui avaient grandi avec le modèle social de croissance sont eux aussi remis en question. Car, dans de telles conditions économiques, leur capacité à arracher des gains réels aux employeurs est sévèrement limitée. De plus, la population salariée se segmente encore plus. Il y a, d'un côté, ceux qui bénéficient d'emplois stables, de niveaux de salaire satisfaisants, d'un travail intéressant, de l'autre, des chômeurs, des travailleurs marginaux ou sans qualification, des statuts « atypiques » opérant aux limites du marché du travail.

La valse des modèles va se jouer sur un air nouveau. Un nouveau pas de danse va succéder au modèle social de croissance...

CHAPITRE II – DEUXIÈME TEMPS : LE MODÈLE PARTICIPATIF

Les années quatre-vingt s'inaugurent sur une ouverture à la concurrence, notamment internationale, et une vague de technologies nouvelles, d'informatique et de robotique.

LE MYTHE COMMUNAUTAIRE

Accompagnant ces mutations, des politiques de gestion des ressources humaines : une nouvelle manière de vivre l'entreprise se met en place et les DRH succèdent aux directeurs du personnel. Un modèle idéalisé d'entreprise communautaire est né.

Le maître mot est motivation. Face à la concurrence, le management développe tout un ensemble de règles et de pratiques centrées non plus sur la définition des tâches et des fonctions, comme dans le modèle précédent, mais sur l'accompagnement et l'implication des individus. Il s'agit en effet, pour gagner la bataille de la compétitivité, de motiver les efforts de chacun sur la qualité plutôt que d'organiser des tâches simplifiées à l'extrême.

Un nouveau modèle social est recherché par l'implication des individus : les cercles de qualité, les groupes de projets… on assiste à un véritable mouvement d'opinion réhabilitant l'entreprise et la promouvant au rang d'institution majeure de la société. L'entreprise aliénante de mai 68 devient un objet vertueux des médias, une quasi-valeur en soi du développement économique et social. Journaux grand public, émissions de radio, de télévision louent ses vertus et les perspectives qu'elle offre. *L'Humanité* ouvre une rubrique des cours de la Bourse ! Bernard Tapie est un des héros de la décennie.

LE MODÈLE SE LÉZARDE

La décennie suivante... les années quatre-vingt-dix sont caractérisées, elles, par les mesures de réduction d'effectifs dans les entreprises. Ceci va soulever des débats passionnés dans la cité : les uns évoquent alors les dures lois de la concurrence et les effets de l'internationalisation (bientôt nommée mondialisation) : il faut s'adapter pour survivre, ce qui implique hélas ! de commettre des sacrifices. Les autres crient au scandale, voire au crime. La crise de l'emploi obnubile tous les esprits.

Cette crise de l'emploi va créer une sorte de terreur généralisée chez de nombreux salariés, ébranlant le développement de ce nouveau modèle de relation au travail : le participatif est « fauché en plein vol. »

Apeurés par la crainte du chômage, les salariés ne prennent en effet plus le risque de se définir comme acteurs totalement investis dans l'entreprise. Le management, de son côté, perd sa crédibilité « communautaire » : il devient de plus en plus exigeant, il lui faut aussi gérer des plans sociaux, de très nombreux plans sociaux... sans moyen d'intervenir, en amont, sur la décision de licenciement et, en aval, sur les modalités de reclassement et d'insertion des exclus de l'emploi.

Les syndicats n'arrivent pas à obtenir le contrôle de ces opérations de « dégraissage ». Ils ont des difficultés à proposer des solutions alternatives. Le discours des dirigeants est fortement marqué par l'équation suivante : « sauvetage de la compétitivité = productivité = réduction d'emplois ». Le rôle des actionnaires est mis de plus en plus au premier plan par les dirigeants... La concurrence est plus aiguë, plus internationale, et la solution choisie passe par des cascades de restructurations. Dans de telles conditions, il est difficile de s'impliquer…

Le modèle social fondé sur la participation n'aura pu s'imposer durablement. Ces années quatre-vingt, quatre-vingt-dix de modernisation et de crises ont ainsi produit une sorte de curieux et paradoxal fait social collectif.

D'un côté, il faut considérer l'entreprise sous l'angle d'une communauté participative et inventive, source de réponses modernisées aux enjeux nouveaux de la concurrence internationale. Cet impératif engendrera, en effet, une grande quantité d'efforts, de pratiques expérimentales, de conseils et de moyens financiers dans le domaine du management.

D'un autre côté, le souci de performance dans un monde très concurrentiel, conduit à des politiques de flexibilité de la main-d'œuvre. La réduction des effectifs est considérée comme la principale variable d'ajustement aux pressions de la contingence.

DES STIGMATES POUR AUJOURD'HUI

À la fin des années 90, l'entreprise offre ainsi une image incertaine et désabusée – communauté qui n'a pas su tenir ses promesses d'intégration et de participation, oscillant entre croissance triomphante et crise déstabilisatrice ; entre salariés à impliquer ou à licencier. Les salariés d'aujourd'hui nous sont apparus comme très marqués pour ne pas dire très choqués par cette histoire.

Une distanciation et une « prudente réserve » sont nées… ne touchant pas que ceux qui « y étaient dans les années 90 », elles touchent aussi leurs enfants qui aujourd'hui abordent le marché du travail avec méfiance. Le poids de l'histoire est lourd : « nous devons apprendre à la lumière de cette histoire, nous confiait le dirigeant d'un grand groupe, que nos politiques d'entreprises et actes de gestion n'ont pas que des impacts immédiats, à court terme sur les salariés, ils impactent aussi les générations suivantes. Nous avons ainsi peut-être créé des traumatismes trans-générationnels, comme on dit aujourd'hui. Si les salariés aiment moins l'entreprise, c'est probablement à cause des échecs des modèles passés qui ont marqué tout le monde ».

La valse des modèles, mais aussi l'absence de nouveaux modèles clairs ont fortement contribué au sentiment de confusion, de flou qui habitent salariés et entreprises dans leur vision de la relation au travail : « on se pose la question de la place du travail aujourd'hui aussi parce qu'on ne sait plus très bien ce que recouvre la notion de travail ».

CHAPITRE III – TROISIÈME TEMPS : À LA RECHERCHE D'UN NOUVEAU MODÈLE

Si le modèle de relation du travail, à la fin du XXe siècle, est assez introuvable, le troisième millénaire, lui, commence en fanfare avec les promesses de la « nouvelle économie ». Un nouveau modèle puissant, surmédiatisé, liés à des techniques pleines de promesses, fait d'initiatives individuelles, de réussites rapides, mettant en avant la force d'initiative en particulier des jeunes, semble apparaître mi-2000... il durera à peine un an !

LE MIRAGE DE LA NOUVELLE ÉCONOMIE

Que dire de ce prétendu nouveau modèle ? La relation au travail dans les « start-up » semblait porteuse d'innovation, dans un refus du formalisme et une nouvelle manière de tenir compte des spécificités et des attentes de chacun.

Mais dès 2001 cette nouvelle économie commençait à déchanter. Elle a alors commencé à utiliser les outils classiques de gestion de la relation au travail du modèle précédent : réorganisation, restructuration, plan sociaux... fin 2001, la « bulle Internet » et le modèle start-up explosaient.

LA MONDIALISATION EN MARCHE

Faisant suite à l'européanisation des années 80, puis à l'internationalisation conduite à rythme rapide dans les années 90, un nouveau cadre d'action des entreprises s'affirme en ce début de nouveau millénaire : les marchés des entreprises, les lieux de production, d'approvisionnement, de financement et de recrutement... sont désormais mondiaux, répartis ci-et-là sur la planète. Cette globalisation est l'objet de nombreuses études, analyses, contestations, valorisations, éloges et critiques. Pour de nombreux dirigeants cette dynamique modifie certes leurs pratiques, leurs méthodes de gestion, y compris bien entendu celle des hommes et des organisations, mais surtout elle est, selon eux, encore en phase de maturation. « Elle ne présente aucunement, à ce jour un modèle abouti, avec un *affectio societatis* partagé. »

Finalement, en l'absence d'un nouveau modèle clairement établi et reconnu, on s'accroche, au moins pour les pays « riches », aux modèles anciens.

Le modèle d'inspiration taylorienne y reste maître de nombreuses organisations de travail.

Le modèle participatif et son échec hante les entreprises, les salariés, les dirigeants, les consultants. Tous pressentent qu'il n'est plus adapté... mais par quoi le remplacer ?

Qu'est-ce qui a tellement changé aujourd'hui dans la relation au travail pour qu'on ne puisse pas réutiliser les anciens modèles ? « On cherche encore à participer, on a la nostalgie de l'entreprise aimante, communautaire, mais on a encore tous à l'esprit des plans de dégraissages des effectifs, des OPA, ... donc on est plus prudent. » Ces propos d'un jeune délégué du personnel font écho à ceux d'un DRH interrogé « les pertes de repères historiques, les leçons tirées par les entreprises et salariés, l'histoire de la relation au travail, l'absence de clarté sur la situation présente font que dirigeants, politiques, salariés, tous s'interrogent sur la place du travail aujourd'hui. À gérer à court terme, on a probablement sous-estimé le poids de l'histoire : les racines du malaise actuel sont là ».

... EN RÉSUMÉ

Tentons de replacer la relation au travail dans son contexte historique : plusieurs grandes périodes ont laissé des traces sur notre époque actuelle.

- La relation au travail s'est d'abord construite autour du compromis fordien de production, durant une période de croissance économique : le travail garantit un bon salaire et un emploi stable. Entreprise et salarié sont fidèles l'un à l'autre. Le mythe de la stabilité est né. Le travail est source d'identités personnelles et collectives. Le premier choc pétrolier de 1973-1974 interrompt cette période. Sur le plan social, de nombreux affrontements autour de la notion de travail vont naître. Le modèle dit « social de croissance » se lézarde.

- Place au second modèle social : la période des années quatre-vingt est marquée par l'ouverture à la concurrence, les nationalisations et les privatisations, les pressions liées à l'internationalisation, la modernisation associée à l'informatisation... Les politiques de gestion des ressources humaines, de la qualité, le management participatif, sont significatifs de l'importance donnée à cette époque à l'entreprise dans la société et au souci de faire participer les salariés à la vie de l'entreprise. Mais les années quatre-vingt-dix introduisent de nouvelles contraintes de productivité dans la relation au travail. La crise de l'emploi s'installe, le dépit vis-à-vis de l'entreprise et de la relation au travail aussi. Le charme entre entreprise et salariés est rompu.

- Un modèle de remplacement n'a toujours pas été trouvé malgré l'essai avorté de la « nouvelle économie », et les obscurités des effets de la mondialisation. En l'absence d'un nouveau modèle, le modèle taylorien reste présent dans les « soubassements » de nos activités, et l'ancien modèle participatif devient une référence idéalisée. Il demeure au cœur du discours managérial et des enseignements. Tout le monde reconnaît que ce modèle était lié aux circonstances de l'époque... mais on s'en contente à défaut d'en avoir un nouveau à disposition. Qu'est-ce qui a donc tant changé aujourd'hui pour que cet ancien modèle ne soit plus mobilisable ? Sur quelle base se vit aujourd'hui la relation au travail ?

Deuxième partie

REPÈRES
POUR MIEUX
COMPRENDRE

LA QUÊTE DU TRAVAIL

Les salariés de tous niveaux hiérarchiques que nous avons rencontrés au cours de notre enquête[1], nous ont livré leurs expériences de la relation de travail et leurs réponses à nos questions : « pourquoi allons nous travailler ? que cherchons nous dans le travail... et qu'y trouvons-nous ? ».

Cette accumulation de réponses, passée au filtre de nos propres spécialités, a permis de dégager douze caractéristiques regroupées sur deux versants : *ce qu'attendent les salariés* (chapitre IV) et *ce qui les attend dans l'entreprise* (chapitre V).

Nous espérons ainsi aider les salariés à prendre conscience de ce qu'ils recherchent et qu'ils peuvent trouver.

Nous aurions pu exposer ces résultats à grand renfort de « pourcentages », sous forme d'une enquête statistique. Après en avoir longuement discuté, nous avons préféré livrer les originalités des commentaires sous une forme plus qualitative, en s'arc-boutant

---

1.

Démarche méthodologique :

Notre groupe de travail s'est constitué volontairement multidisciplinaire (sociologue, psychologues, gestionnaires, coachs et dirigeants), visant un champ d'analyse le plus large et le plus riche possible. Cette interdisciplinarité n'est pas quelque chose de classique.

Cet ouvrage est le fruit d'une réflexion collective conduite depuis 2000 sur l'entreprise et le travail, nourrie par des entretiens spécifiques sur la relation au travail avec 50 dirigeants (directeurs généraux ou responsables de grandes entités) et plus de 1 000 salariés de tous niveaux hiérarchiques mais travaillant dans de grandes entreprises. Ils ont été rencontrés à l'occasion de nos activités professionnelles régulières. Nous avons souhaité faire apparaître certains de leurs propos sans les retoucher : ils figurent entre guillemets dans le texte.

Les analyses que l'on a pu en tirer ont été restituées chaque année depuis 2004, à un panel représentatif de dirigeants, managers et collaborateurs français, dont les regards croisés ont été source de grande valeur ajoutée.

sur les fils directeurs trouvés dans les propos des acteurs... que nous reprenons au cours de l'ouvrage entre guillemets

En aucun cas, nous n'avons voulu être exhaustifs... nous avons plutôt cherché à mettre en lumière les évolutions qui nous ont marqués, surpris et qui nous semblent utiles à la compréhension des enjeux de la nouvelle relation au travail.

Voici donc, ci-après, une photo de la relation au travail prise sous l'angle de praticiens et d'universitaires.

CHAPITRE IV – CE QUE LES SALARIÉS ATTENDENT DE L'ENTREPRISE

L'IMPÉRATIF FINANCIER

Une préoccupation éternelle

« Je travaille d'abord pour gagner ma vie. » Cette remarque de l'un de nos interlocuteurs résume une opinion générale bien ancienne. La satisfaction financière est un préalable à toutes les autres attentes. La relation au travail aujourd'hui demeure, selon nos observations, soumise aux impératifs matériels.

Si de nouvelles attentes vis-à-vis du travail existent, c'est d'abord parce que le niveau d'exigence matérielle de base est peu ou prou satisfait. « L'équilibre entre ma vie professionnelle et ma vie personnelle, c'est une exigence de riche ; je sais bien que si mon salaire ou mon emploi sont menacés, la seule chose qui comptera, ce sera de les garder. »

« En cash et tout de suite ! »

Les attentes des salariés quant aux types de gains matériels qu'offre le travail ont sensiblement évolué.

Aujourd'hui les gains financiers doivent être immédiats, pas décalés dans le temps. « Avant, on était prêt à faire des concessions dans l'espoir d'engranger des gains futurs. » Aujourd'hui, les salariés ne croient plus totalement en ce futur et « se rabattent » sur le présent. Ils veulent tout de suite obtenir des garanties. On assiste à ce que Marcel Gauchet[2] appelle « l'inversion de la dette sociale ». La rétribution précède alors la contribution !

Auparavant, la relation avec l'entreprise s'inscrivait dans un temps plus long où les contreparties étaient distillées tout au long de la carrière, parfois même vers la fin, d'où le développement des plans de carrière et des stock-options. Aujourd'hui, les exigences de contrepartie s'expriment à court terme : en cash, car l'espérance de vie d'une entreprise, et dans une entreprise, se réduit à mesure que celle de l'individu s'accroît !

Rémunération et performance

Si, pour beaucoup de salariés rencontrés, rémunération rime avec sécurité : « On travaille pour assurer, pour s'assurer des revenus aussi longtemps que possible », pour d'autres, la rémunération doit décliner aussi la reconnaissance matérielle de leur performance, la qualité de leur engagement, les résultats qu'ils ont obtenus : « Autrement, ça servirait à quoi qu'on se décarcasse ? ».

Ces salariés admettent souvent une part variable à leur salaire ou toute autre forme d'individualisation de leur rémunération. Mais, à analyser de près la réalité, on découvre, dans une grande majorité de cas, que la différenciation reste faible : les salariés veulent être distingués, mais chacun, partant du principe qu'il est bon, ne peut admettre qu'il est en dessous des autres. Cela conduit les managers à utiliser le « saupoudrage ». En effet, le management, parce qu'il a besoin de ses équipes sur la durée, ne peut pas entrer dans une logique de différenciation trop impor-

---

2. Gauchet M., « Les facteurs de transformation de la société française », Ores, 6 février 2003.

tante avec son cortège de conflits, de jalousies... « On revient alors de fait à une forme de mesures générales, quasi identiques pour tous. »

Dans ce cas, la rémunération revient à son rôle initial : créer de la sécurité matérielle. Cet état de fait conduit souvent les managers à masquer leurs pratiques de rémunération pour tenter de répondre à ces exigences contradictoires d'équité, d'égalité, d'individualisation et d'affichage.

Par ailleurs, la rémunération est perçue malgré tout comme un indicateur de réussite professionnelle. Son montant doit répondre à trois exigences : un équilibre nécessaire entre contribution (c'est le « minimum »), une expression du niveau de responsabilité et, une adéquation avec le marché interne et externe (pour un même niveau de responsabilité, dans le même secteur).

En général, les cadres sont lucides sur le niveau du marché des salaires (grâce à des comparaisons à la lecture des enquêtes de presse, en échangeant avec leur entourage, etc.). Les décalages possibles et désormais acceptés ne sont que temporaires et s'inscrivent dans un arbitrage avec la notion de carrière ou de gains futurs compensant le manque-à-gagner provisoire.

« JE VEUX EXISTER »

Je veux être reconnu en tant que « moi » au sein de l'entreprise

Le sentiment général tel que nous l'avons perçu peut se résumer à cette citation d'un salarié : « Je veux avoir dans l'entreprise une place qui est à moi, et pas être un matricule interchangeable. Je veux pouvoir m'épanouir professionnellement avec toutes mes spécificités, j'en ai marre d'être toujours géré par des systèmes. »

En d'autres termes, les salariés veulent être considérés dans leur individualité, comme des professionnels et non plus des contributeurs anonymes. Ils s'inscrivent de moins en moins dans une relation de travail collective. Un DRH rapporte qu'à l'embauche de nombreux cadres « veulent des contrats spécifiques, tenant compte de leurs particularités, l'un a même exigé de l'entreprise qu'elle s'engage à lui payer un coach. L'application de standards est plutôt un repoussoir. » Les salariés attendent de l'entreprise – et certains d'entre eux sur un mode revendicatif – une gestion « individualisée », valorisatrice de *qui* ils sont et non seulement de *ce* qu'ils font.

« Psychomania »

Corollaire de cette individualisation, la dimension psychologique est de plus en plus prégnante. Que l'on admette ou non cette évolution, force est de constater que cette dynamique qui parcourt la société civile, a envahi aussi l'entreprise. La presse se fait l'écho de cette évolution : en un an, les presses nationales française et allemande ont, par exemple, consacré près de 500 articles importants sur ce sujet. Ce qui au début était une demande de l'entreprise est aujourd'hui une demande des salariés... voire un besoin.

Le souci de soi est devenu non seulement légitime pour une partie de la population salariée (voire des dirigeants) mais encouragé. Au sein de l'entreprise, le développement personnel tend à remplacer le développement social des années quatre-vingt, fortement axé sur le renforcement des compétences professionnelles. Certaines pratiques telles que le coaching, les modes de gestion orientés vers la prise en compte des soucis et des aspirations personnelles des salariés, les programmes de gestion du stress s'inscrivent dans cette dynamique.

Ce qui était tabou est devenu noble. Ainsi, se voir proposer un coach est devenu un signe d'importance dans l'échelle des attributs du manager. Certains cadres, comme nous l'avons vu, réclament cette possibilité dès le recrutement comme s'il s'agissait d'un élément du statut.

La demande par les salariés de présence « psy » dans l'entreprise a été renforcée par la politique de management et d'organisation du travail fondée sur le relationnel. Pour vivre au mieux dans ces entreprises (où le « relationnel » est devenu une compétence essentielle), les salariés font donc appel à leurs émotions, à des connaissances psychologiques empiriques ou scientifiques et à des renforts d'experts « psy ». D'où deux risques majeurs : le recours à des experts aux compétences floues et l'invasion de l'intimité du sujet. L'entreprise qui déjà s'immisce dans la vie privée de ses collaborateurs n'a aucune légitimité à entrer dans leur intimité.

Acquérir une identité sociale... par le travail

Politiques, chercheurs, dirigeants, syndicalistes, tous ont voulu ausculter ces derniers temps la relation au travail pour savoir si le travail était encore une vraie valeur pour les salariés et les citoyens, ou une valeur à l'argus en voie de disparition... Après plus de 1 000 rencontres, notre opinion est que le travail a toujours de la valeur aux yeux des salariés, il reste d'ailleurs un vecteur d'identité : « On se définit aussi par son travail. On existe par ce que l'on fait. » Le travail reste donc, selon nous, un lieu où se construit une identité individuelle et sociale. Cette fonction identitaire n'est pas nouvelle, mais elle reste étonnamment vive... elle a survécu !

Plusieurs vecteurs d'identité existent : l'identité par le métier, par l'appartenance à un groupe (un service...) et par l'appartenance à une entreprise. L'identité existe à travers le lien, la relation à l'entreprise. Ceci conduit ainsi à défendre l'entreprise quand elle est attaquée par les médias, les salariés se mobilisant alors assez fortement.

Si la valeur travail existe toujours, elle n'est plus prédominante. Nous avons constaté la force d'une autre aspiration chez les salariés, celle de mener conjointement, avec engagement et énergie, vie privée et vie professionnelle... un vrai souci d'équilibre.

Mais attention : la recherche de ce nouvel équilibre ne conduit pas pour autant à une disparition de l'astre « travail » (et encore moins dans une période où le chômage est encore important)... c'est la place qu'il occupe qui a changé. Devant la fragilité des pôles de stabilité traditionnels de la société, le travail est resté un pilier pour de nombreux salariés. L'absence de travail demeure un « stigmate » social, une réelle souffrance personnelle.

« Travailler pour développer sa sociabilisation »

Le travail offre une opportunité de sortir de sa solitude, en particulier dans un monde éclaté... « Les salariés utilisent les lieux professionnels comme lieux de rencontre. Les gens s'y marient. Ils s'y réfugient aussi quand leur vie privée bat de l'aile. » Ceci non plus n'est pas nouveau, et l'on rêve toujours d'une certaine forme de « communautarisme ». Le modèle start-up proposait deux grands mythes : le communautarisme et le mythe du « rentier ». Dans ce dernier, on se donnait totalement dans son travail pour devenir riche et ne plus avoir besoin de travailler. Ceux qui sont effectivement devenus très riches n'ont finalement pas souhaité abandonner leur travail. Une des raisons invoquées est qu'ils ne veulent pas se trouver isolés... !

Quelle place reste-t-il aux solidarités de groupe ?

L'individualisme, la réalisation de soi, de ses propres potentialités au travail, ont remis en cause des dynamiques collectives et des solidarités traditionnelles. Ils laissent place à une multiplication des logiques centrées sur l'individu ou sur de petits groupes d'individus.

L'univers syndical connaît ainsi ce genre de mutation, avec l'émergence de syndicats spécifiques, par exemple, l'apparition d'un syndicat gay (dont il faut rappeler le sens : *good as you*) dans certaines grandes entreprises mais aussi la fragmentation syndicale (SUD, UNSA, etc.). Dans cet esprit, les syndicats se plaignent, de plus en plus, du zapping consumériste des salariés : « Ils viennent chez nous pour qu'on leur règle leur problème. Si ça ne va pas assez vite ou comme ils le veulent, ils vont immédiatement voir un autre syndicat. Ils suspendent simplement leur lien syndical en arrêtant le prélèvement automatique de leur cotisation. »

Tout cela a pour effet de détendre certaines solidarités de groupe. Pourtant, et en même temps, nombre de salariés veulent appartenir à un groupe pour se faire entendre. Incohérence ?

Non, ces valeurs collectives sont désormais instrumentales, c'est-à-dire appréciées pour l'aide qu'elles peuvent apporter à la réalisation des objectifs individuels. « Personne n'est capable, dans la durée, d'être seul face à ce monde sauvage. » Par ailleurs, si le centrage sur l'individu existe, c'est aussi parce que le collectif existe dans notre société et dans la plupart des entreprises.

C'est pour cela, nous semble-t-il, que coexistent toujours des dynamiques collectives et des affirmations individualistes. Dans ce contexte hyper individualisé, le groupe est envisagé comme « un moyen » à l'image de ce que renforce l'idée des forums sur Internet. « Je me renseigne en discutant du même sujet avec des interlocuteurs anonymes sur le net. Je fais partie d'un groupe d'intérêt, le temps d'un clic ! »

LA VIE DE L'INDIVIDU NE TOURNE PLUS AUTOUR DU TRAVAIL

Une vie réussie : de nouveaux critères ?

Qui aurait pu, il y a cinquante ans, dire qu'une vie réussie n'impliquait pas nécessairement une réussite professionnelle ? Aujourd'hui, particulièrement, chez les plus jeunes et les plus diplômés, se développe une volonté de privilégier l'équilibre entre vie personnelle et vie professionnelle « Mes parents réussissaient leur vie quand ils avaient réussi leur carrière. Pour moi, d'autres dimensions sont très importantes. Je ne les sacrifierai pas sur l'autel de mon travail. » Une prise de conscience forte se fait autour de l'importance du corps, de la santé et de l'hygiène de vie. « La première des ressources humaines, c'est son propre corps. »

« Travailler n'est plus toujours faire carrière »

Être « chef », faire carrière, n'est plus toujours perçu comme une motivation au travail, comme un impératif social.

Si un nombre important de salariés veulent « évoluer dans leur travail », progresser très vite, cela n'implique pas forcément une évolution hiérarchique.

Faire carrière est souvent une évolution sous conditions : « On veut tenir un poste à responsabilité mais sans responsabilité juridique. » On ne veut pas partager la responsabilité de l'entrepreneur. Dans cette logique, nombreux sont ceux qui osent aujourd'hui affirmer hors et dans l'entreprise, qu'ils ne veulent pas devenir « chef ». Ce thème n'est pas totalement nouveau ; en revanche, l'aisance qu'ont les salariés à l'affirmer l'est. Travailler ne rime plus nécessairement avec faire carrière.

À la recherche d'un équilibre perdu

Le souci d'un véritable équilibre entre vie professionnelle et vie privée, familiale, personnelle… est devenu une priorité, pour ne pas dire *la* priorité. « On ne veut plus sacrifier sa vie privée à l'entreprise comme l'on fait nos parents. » Une des raisons principales à cette évolution est très probablement la distance prise par les salariés vis à vis de l'entreprise dans les années de chute du modèle participatif : beaucoup de salariés d'aujourd'hui ont vu leurs parents, leurs proches, qui s'étaient beaucoup investis dans leur travail, en partie au détriment de leur vie privée, être licenciés, mutés, « malmenés par l'entreprise ». « Aujourd'hui, on diversifie ses ancrages, ses lieux d'investissement », résumait un DRH.

Une autre cause à cette évolution peut être évoquée : toute la société valorise la société de loisirs, le souci de soi, la place importante de la sphère privée versus le travail. Notre époque se trouve être le théâtre d'une quête de bonheur en général (la très nombreuse littérature sur le sujet est éloquente !). S'opère alors un clivage entre ceux pour qui le travail est une condition d'épanouissement et ceux dont il est une des composantes. Les premiers sont en quête d'harmonie, ils attendent de leur travail un réel épanouissement personnel. Les seconds ont une relation plus précaire au travail. Nécessaire, il n'est pas forcément choisi et ne procure parfois qu'insatisfaction et déception.

Enfin, au sein de l'entreprise, les lois sur la réduction du temps de travail (trente-cinq heures, temps partiel...) ont soutenu, renforcé, accompagné cette évolution. D'accord ou non avec cette nouvelle donne, il nous faut constater que le temps non travaillé a acquis ses lettres de noblesse, qu'il est désormais un objet d'organisation. Une vraie richesse sémantique s'est développée autour des RTT : prononcé er.té.té ou reu teu teu, « on fait ses RTT, on est en RTT, on évalue ses RTT, on se fait payer ses RTT, on compare les RTT, on fait une semaine de RTT, on vit le stress du service vidé par les RTT... »

Comme le montrait une enquête conduite dans les années soixante-dix[3], le souci d'équilibre est ancien ; la différence, aujourd'hui, est que ce souci prend une dimension plus revendicative... et qu'il semble plus difficile à créer.

---

3. « Des jeunes salariés parlent librement », *Entreprise*, n° 841, 22 octobre 1971.

Deux raisons peuvent être évoquées :

- D'une part, les modalités de mise en œuvre sont désormais plus difficiles. Une personne interrogée nous confiait ceci : « Dans les années soixante-dix et quatre-vingt, on était beaucoup plus nombreux pour faire la même quantité de travail. Aujourd'hui, je suis toute seule pour faire le même boulot et je le retrouve le lendemain s'il n'a pas été fini la veille ! Résultat, le soir, je m'allonge sur le canapé pendant deux heures. Avant, j'étais en pleine forme et je sortais souvent pendant la semaine. J'ai du mal à construire une vraie vie privée. »

En d'autres termes, cette revendication « de plus de vie personnelle » n'est-elle pas liée au fait que, ces derniers temps, la recherche de productivité a obligé les salariés à totalement s'investir en temps et en énergie ? Il leur reste alors très peu de temps et d'énergie pour investir leur vie personnelle. Nous avons auditionné de nombreux fonctionnaires et agents du secteur public, les commentaires sont analogues à ceux du privé. La séparation « privé-public » n'est pas différenciatrice.

- D'autre part, les salariés sont devenus plus exigeants quant à cet équilibre… « Comment voulez-vous vous impliquer totalement au travail alors que, maintenant, il y a toutes les chances que ça s'arrête plus tôt qu'on ne le voudrait ? Alors on se protège en ayant une vie à côté, pas comme nos parents. » En effet, le lien à l'emploi est devenu de plus en plus précaire, plus éphémère, comme le remarque ce directeur commercial : « Je risque chaque mois de perdre mon emploi, je dois me recentrer sur moi et ma sphère privée, c'est une question de survie ! » Ce lien est aussi plus contraignant, plus violent, ont dit certains de nos interlocuteurs. « Le travail est aussi une contrainte qui empiète sur ma vie ; face à cette limite, j'aspire à pouvoir préserver une marge de liberté. »

Deux pièges : le tout-privé, le tout-professionnel

À l'écoute de nos interlocuteurs et à la lecture attentive des recherches dans ce domaine, il semblerait que certains salariés (peu nombreux) se positionnent vis-à-vis du travail aux deux extrémités : d'un côté, ceux qui surinvestissent le travail, de l'autre, ceux qui le désinvestissent ; d'un côté, ceux qui entrent dans un travail dont ils n'attendent qu'un salaire (en faire le moins possible et en tirer le maximum, investir affectivement ailleurs) et, de l'autre, ceux qui, plus traditionnels, considèrent le travail comme source identitaire et d'épanouissement.

L'une des difficultés consiste alors à faire coexister ces deux populations, notamment au sein des grandes entreprises. Un cadre supérieur nous dit : « J'ai les deux types de collaborateurs dans mon équipe ; les uns marchent au "rendement", les autres, à "l'économie". Ce sont vraiment deux logiques différentes qui me posent problème quand il s'agit de les évaluer. » Le travail a ici la connotation du labeur. La question de l'âge de la retraite est devenue un des thèmes de conflit social les plus mobilisateurs. « Plus vite on sort de la vie professionnelle assimilée à des contraintes, mieux on se porte. »

Face à ces extrémismes il est utile de rappeler deux points : en premier lieu l'équilibre psychosocial ne peut pas seulement reposer sur le travail – au risque d'une grande fragilité face aux événements professionnels : ainsi un salarié licencié prend brutalement conscience que toute sa vie reposait sur son travail et qu'il n'a plus rien à quoi se raccrocher. D'autre part et à l'inverse, ne mettre que de l'affect négatif dans son travail empêche d'y trouver un épanouissement et oblige à prendre constamment une posture critique négative.

Toutefois la majorité des salariés que nous avons rencontrés tentent, enfin, de trouver le juste milieu et, avec « sérieux, énergie » (mots d'un DRH), de trouver l'équilibre. L'entreprise n'est manifestement pas toujours hostile à cette démarche, partant d'un postulat : « Heureux dans sa vie personnelle, le salarié sera plus performant au travail. »

Une vraie ambition de vie privée

Que cache la notion de temps personnel ? Les salariés ne semblent pas chercher seulement du temps pour se « reposer » ; ils veulent avoir du temps pour construire une véritable vie personnelle avec des vrais projets : « On n'entre plus dans l'entreprise comme on entre en religion, c'est un engagement à conditions résolutoires, il n'y a plus de chèque en blanc à notre employeur, je veux une vie professionnelle accomplie et une vie personnelle heureuse. »

Cet équilibre est perçu par tous comme fragile. Les salariés osent afficher leur souhait d'équilibre dans leur cadre professionnel mais peu d'entre eux se déclarent prêts à communiquer l'ensemble de leurs attentes : « Pour l'instant, l'entreprise admet qu'on parle d'équilibre, mais on est prudent, il y aura peut-être un retour en arrière vers du tout-entreprise et on n'a pas envie d'être en difficulté. » Des DRH reconnaissent que cette non-explicitation rend, du point de vue de l'entreprise, la gestion du travail et de la relation salarié-entreprise très complexe : « Imaginez, mes quarante collaborateurs veulent un équilibre mais personne ne met la même chose derrière, et, en plus, chacun a des attentes qui évoluent, alors c'est un vrai casse-tête [...] et quand ils ne sont pas contents, ils en font moins et si nous, managers, on ne fait rien pour corriger la situation, ils partent. »

« L'astre travail » existe donc, mais au sein d'une constellation. Les salariés ne veulent plus tout sacrifier à leur travail. Pour autant, ils ont peur d'en être exclus. Il y a donc bien une ambivalence entre le rejet et l'attirance, et elle peut être douloureuse.

La difficulté de l'équilibre entre vie professionnelle et vie privée tient aussi à l'investissement même que les salariés mettront dans les deux sphères. Inquiets de la perte de travail, ils refusent – sans toujours le dire – de sacrifier le travail pour le privé. Impasse ? Beaucoup répondent à cette situation de contraintes par un investissement réel, sérieux dans les deux domaines, en un surinvestissement généralisé : rythme d'urgence au travail, en famille, dans les loisirs, hyperorganisation pour les temps professionnels, personnels. Le stress des mères de famille travaillant se généraliserait-il ? L'entreprise va vite être confrontée à des salariés suroccupés, surinvestis… et, espérons-le, pas trop surépuisés par plusieurs vies dans l'une.

S'ENGAGER SOUS CONDITIONS

Des conditions de travail sur mesure

Comme nous l'avons montré, le rapport au travail a profondément muté.

Il n'est plus seulement une valeur ou une obligation de gagner sa vie.

Il est devenu une expérience de vie, expérience émotionnellement forte, qui doit permettre de se réaliser en exerçant une activité, qui doit être enrichissante tant par les possibilités d'apprentissage et de découverte qu'elle offre, que par la variété des relations et des rencontres humaines qu'elle permet.

L'exigence envers la qualité de l'expérience de travail va de pair avec le fait qu'elle devient une expérience parmi d'autres, sans s'imposer comme unique source de reconnaissance et d'identité, laissant place pour d'autres rencontres (amis, passions...) et d'autres dimensions de vie (familiale, personnelle...). Enfin comme toute expérience, elle est intense mais temporaire, source d'émotions stimulantes et parfois épuisantes, elle se présente comme une succession d'engagements provisoires.

De plus en plus, les salariés se préoccupent donc du cadre managérial que leur propose l'entreprise. Ils souhaitent le déve- loppement de logiques personnelles contractualisées, au détri- ment d'aspects plus statutaires et réglementaires. Les négociations individualisées sont de plus en plus fréquentes. Elles sont censées, aux dires de salariés, permettre une plus grande attention aux attentes des individus.

On assiste à la fin du « prêt-à-manager » et au développement du « sur-mesure » managérial : bilans annuels personnalisés, coaching, personnalisation des horaires, contrats négociés et rédigés sur mesure.

Les choix de vie professionnelle, les modes d'organisation de la relation au travail répondent, de plus en plus, à cette logique centrée sur l'individu. Parmi quelques illustrations concrètes de cette tendance : les arrêts volontaires de carrière, la pratique des congés sabbatiques longs, le travail nomade, les redéploiements de carrière et les reconversions, le télétravail, les choix profes- sionnels au profit d'associations ou de collectivités territoriales différents de ceux centrés sur les activités classiques de l'entreprise. Nous n'avons pas rencontré une seule grande entreprise où il n'y ait pas au moins un cadre sup « très bon, très efficace, jeune, plein d'avenir » qui ait demandé un congé sabbatique, un aménagement de son temps de travail... et que l'entreprise ait accepté... et dont les DRH ou les autres salariés parlent avec un enthousiasme, un respect, une envie à peine dissimulés ! De nombreux mythes illustrant cette évolution de la relation au travail se créent.

Il n'est pas surprenant qu'à l'heure où les spécialistes de marketing se passionnent pour le CRM (Customer Relation Management), leurs collègues des ressources humaines se penchent sur l'ERM (Employee Relation Management), avec des parcours de plus en plus « à la carte », même si la démarche pose la question de l'équité générale du traitement des collaborateurs et des équilibres collectifs, et de la défense des moins « aptes à négocier » avec l'entreprise.

La pénurie de main-d'œuvre à venir pourrait d'ailleurs renforcer cette évolution : les pratiques de rétention (suivi et rémunération individualisés) jusqu'alors limitées aux équipes dirigeantes pourraient être élargies à ceux qui détiennent des compétences clés de l'organisation.

Le développement des logiques contractuelles

Les salariés sont donc passés d'une logique de statut à une logique de contrat : équivalence des prestations, négociations individuelles dans une unité de temps courte, fin de la fidélité absolue contre emploi à long terme.

Auparavant, la relation avec l'entreprise s'inscrivait dans un temps long puisque ni l'entreprise ni le salarié ne bougeaient trop. Les contreparties étaient distillées tout au long de la carrière, parfois même vers la fin. Seul compte maintenant un échange quasi immédiat et équitable, moins affectif, entre les contributions apportées et les rétributions reçues.

Un rééquilibre de la relation au travail

Dans ce monde de changements tous azimuts, les collaborateurs formulent des attentes nouvelles et « ils deviennent de plus en plus exigeants et de moins en moins conciliants ».

L'engagement sous condition se développe chez les salariés dans la mesure où leurs attentes s'éloignent des réponses que peut apporter l'entreprise. À force d'avoir individualisé les relations au travail et la question des ressources humaines, l'entreprise est désormais confrontée à des collaborateurs plus autonomes, plus individualistes, soucieux de leurs propres équilibres, plus distants ou, plus exactement, investis « non plus à l'aveugle » mais sous des conditions… sans cesse reformulées.

Ces difficultés risquent d'apparaître au grand jour lorsque le rapport de forces sera plus favorable aux salariés, qui imposeront leur loi dans un marché de pénurie de compétences…, ce que d'aucuns attendent vers 2010.

D'autres éléments ont aujourd'hui modifié le rapport de force, la dépendance salariés-entreprises :

- augmentation du niveau des compétences techniques des salariés et de leur capacité d'information ;
- accroissement du niveau et des besoins en développement personnel ;
- complexification des organisations ;

- zapping des salariés qui changent plus fréquemment d'entreprise ;
- raccourcissement des délais quand il s'agit de supporter une relation de travail difficile ;
- développement d'un arsenal juridique au profit des salariés ;
- augmentation de l'exigence de qualité du management ;
- contestation de l'autorité hiérarchique comme seul vecteur de l'action managériale.

Un responsable de *business unit* conforte cette idée, avec ses propres termes : « Aujourd'hui, les gens ont des moyens pour ne pas faire ce qu'on leur demande dès que leurs attentes ne sont pas satisfaites. Ils peuvent se mettre en rideau collectivement ou individuellement. Maintenant, ils osent, ce qui n'était pas vraiment le cas avant. Pour eux, l'entreprise n'est plus sacrée comme elle l'était pour leurs parents ; ils ont des attentes moins focalisées et sont plus revendicatifs. »

Aujourd'hui, les exigences de contreparties s'expriment dans un temps plus court. Ainsi, tant que le contrat est respecté ou que son renouvellement s'effectue dans des conditions satisfaisantes d'équilibre, les salariés restent attachés à leur entreprise. Même les jeunes salariés n'ont pas cette caractéristique de versatilité qui leur est parfois prêtée – selon des jeunes salariés interrogés, « un salarié doit rester dans la même entreprise plus de quatre ans[4] ».

A contrario, en cas de déséquilibre perçu, la rupture intervient dans des délais extrêmement brefs : selon cette même

---

4. Enquête « Les jeunes cadres et l'entreprise » réalisée pour l'Institut de l'entreprise, 2001. Dossier réalisé par F. Bournois et J. Rojot.

enquête, le délai selon lequel un jeune salarié accepte de faire un compromis sur le contenu de son poste est évalué à cinq mois... c'est court ! Naturellement, la conjoncture économique tempère les comportements et on peut « être amené à faire le dos rond plus longtemps ».

La relation employé-employeur semble donc évoluer vers un peu plus de réalisme et d'équilibre la relation jadis fondée exclusivement sur le lien de subordination évolue, bon gré mal gré, vers un rapport, de fait, plus rééquilibré. Ses modalités sont désormais négociées : il s'agit d'une gestion « sur mesure ». Évolutive dans le temps, elle conduit les salariés à être plus des associés que des personnels gérés.

UN AUTRE RAPPORT À L'AUTORITÉ

L'autorité sans attributs

Les attributs visibles de l'autorité s'effacent dans l'entreprise : « Les cafétérias ont remplacé les cantines et restaurants où le personnel était admis par catégories hiérarchisées, l'horaire flexible a amené tout le monde à pointer, y compris les cadres. » Les modes de vie se sont largement harmonisés[5]. Les symboles d'appartenance à un groupe social se sont estompés « comme le port des costumes et des cravates ».

Une autorité sous conditions

Si l'autorité ne se pare plus des attributs classiques, c'est aussi qu'elle n'est plus, comme avant, donnée une fois pour

---

5. Mermet G., *Francoscopie* 2003, Paris, Larousse, 2003.

toutes par un statut, un diplôme ou une nomination. L'autorité découlant du pouvoir hiérarchique, dans et hors l'entreprise, n'est plus désormais considérée comme une donnée de fait, s'imposant de l'extérieur et acceptée sans discussion, comme par le passé.

Les fondements de l'autorité aujourd'hui sont toujours le positionnement hiérarchique, la compétence, l'expertise, mais celles-ci ne suffisent plus. Doit s'y ajouter la reconnaissance par l'autre. L'encadrement doit en permanence refaire la preuve de sa légitimité, et ce d'autant plus que le niveau de qualification des collaborateurs a augmenté ces dernières années.

Le niveau et le type d'éducation ont changé. Un pourcentage de plus en plus élevé d'une classe d'âge poursuit ses études, de plus en plus longtemps[6]. Le salarié moyen atteint maintenant un niveau d'éducation bien supérieur à ce qu'était celui de son homologue d'il y a vingt ou trente ans – même si cela ne se reflète pas automatiquement dans sa qualification ou dans le poste qu'il occupe. Son niveau d'exigence vis-à-vis de sa hiérarchie et son besoin d'autonomie sont ainsi plus élevés.

L'autorité n'est pas acquise, elle est construite et peut s'écrouler d'un moment à l'autre.

Les managers changent fréquemment d'entreprise, la réputation se perd et il faut la bâtir de nouveau. Le diplôme de départ, si important en France, est de plus en plus relativisé par l'internationalisation : « nos grandes écoles n'impliquent pas à l'étranger la même autorité à priori que chez nous », reconnaît un DRH français. La formation professionnelle, tout au long de la vie, accentue encore ce phénomène.

---

6. *Ibidem.*

Un exercice de l'autorité encadré

L'autorité acceptée par les salariés est bien loin des modèles ancestraux. Les contre-pouvoirs sont désormais importants dans les relations de travail : l'absolutisme de l'entreprise et les tenants de l'autorité institutionnelle se heurtent à des salariés qui ont les capacités personnelles mais aussi techniques de s'opposer, de se mettre en retrait ou encore de critiquer ouvertement (de nombreux sites Internet où les salariés critiquent l'entreprise ou les hiérarchiques ont été créés dans les années 2000). Tout ceci se situe d'ailleurs dans un environnement juridique et social nouveau.

Ainsi, de nombreux managers modifient leurs pratiques de peur d'être taxés d'autoritarisme, voire d'être accusés de harcèlement. Les pratiques habituelles de management, les « mises sous pression » ne vont plus de soi comme par le passé. « Nous entrons dans une nouvelle ère de confusion et de peur. Nous cherchons un nouveau ton, de nouvelles formules, de nouvelles pratiques de management pour trouver un équilibre entre les objectifs économiques, qui nous forcent à dépasser nos résistances psychologiques personnelles et le seuil d'acceptabilité de chacun. Car nous risquons tous désormais, souvent sans le savoir, de devenir ou d'être perçu comme un harceleur… Même si, sur le fond, la différence est très claire entre un manager exigeant et un harceleur, dans la pratique quotidienne, les choses sont moins évidentes… » La menace du harcèlement terrorise les managers, qui se réfugient dans une attitude de repli et n'exercent plus leur autorité.

En d'autres termes, tout ceci conduit les managers à « plus coordonner que diriger », comme le résumait un dirigeant. Une revue spécialisée allemande faisait récemment sa couverture sur l'autorité avec ce titre : « Diriger sans commander, ni contrôler[7] ».

Un rêve de leader

Si les salariés refusent l'autorité tyrannique, ils ne rêvent pas à l'absence de leader.

Ils ont besoin de hiérarchiques capables de proposer une vision qui soit à la fois un sens donné à l'action et une direction, vision dans laquelle leur propre projet personnel et professionnel peut prendre place et qu'ils aient l'envie et le pouvoir de contribuer à mettre en acte. On voit certaines entreprises passer d'un management exigeant et protecteur, qui mobilise plutôt une figure paternelle, à un management qui devient tyrannique, très affectif et répressif, sur le mode : « Je t'aime, je te choisis, implique-toi au maximum et tu auras des bénéfices financiers et narcissiques, je te rejette, tu n'existes plus pour moi. » Ce modèle est contesté, le plus souvent en « off », par les salariés : « ces dirigeants ne sont pas des vrais leaders. »

Les salariés contestent aujourd'hui, aussi tous les multiples contrôles, du simple résultat mais aussi des modes d'action, des capacités techniques mais aussi des attitudes et des comportements relationnels et cognitifs, au nom de valeurs que l'entreprise change en fonction de ses priorités.

Le souvenir envahissant du management participatif

En écho à la survie de la valeur travail, qui prônait la participation, nous n'avons pas observé d'attitudes de refus de l'auto-

---

7. Personalfürung 6/2003.

rité, ou de retrait généralisées de la part des salariés. La participation est aujourd'hui seulement plus relative, et plus exigeante.

Le modèle des années quatre-vingt est donc encore présent... Un dirigeant nous confie : « La tradition des groupes de projet a créé une attente de codirection partielle chez les salariés. » Un autre d'ajouter : « Ne pas impliquer les salariés dans une décision est clairement frustrant, incorrect... ; on est perçu comme un mauvais manager qui ne sait pas être à l'écoute. »

Pour aller dans ce sens, la plupart des formations au changement préconise l'implication en amont et en aval des salariés. On est loin de l'époque où le dirigeant était respecté pour ses capacités à prendre seul les décisions à partir de *sa* vision !

La recherche d'implication a cependant des limites qui sont là aussi fixées par les salariés. De nombreux salariés ont confié leur lassitude face à des décisions, relevant parfois d'un jeu de Monopoly (cessions, fusions...), qui leur échappaient, ce qui les a conduit à relativiser leur investissement. Un cadre intermédiaire nous a fait la réflexion suivante : « On me raconte qu'on m'implique mais, dans le même temps, on modifie totalement le périmètre de mon entreprise, c'est-à-dire mon travail, sans, bien sûr, me demander mon avis ! Alors je "participe" en quoi ? En plus, on me dit que je participe mais l'informatique m'espionne dans chacun de mes résultats. Mon patron, mes collègues peuvent savoir avant moi mon niveau de performance. »

Le management de proximité, à qui l'on a confié de plus en plus de responsabilités, dans le cadre des décentralisations, est lui aussi dans un retrait relatif. L'augmentation des risques, notamment juridiques, pourrait en être l'une des raisons. Ainsi, plusieurs dirigeants ont reconnu que ces managers sont parfois réticents à signer des délégations de responsabilité en tant que délégataires : « Les managers veulent plus de pouvoirs, sans en assumer les responsabilités ! »

Une autre raison possible du retrait de certains salariés réside dans les dérives manipulatoires qu'a suscitées la « participation des années quatre-vingt ». La participation, qui était censée augmenter l'implication au travail de chacun à son niveau, a parfois brisé la confiance en masquant les relations de pouvoir dans l'organisation. Elle a suscité des espoirs d'« égalité » qui ne pouvaient qu'être déçus et a donc, finalement, produit l'effet inverse à celui désiré initialement.

Plus de revendications égalitaires

Paradoxalement, en même temps que les différences hiérarchiques diminuent en partie, celles qui subsistent sont tenues pour moins facilement acceptables. Cette « égalisation » n'a pas affaibli les attentes et aspirations à l'élimination des disparités, dans les conditions de vie et de salaire. Au contraire, elle les a stimulées plus fortement chez ceux qui étaient les moins favorisés.

Ce processus s'explique par le paradoxe mis en évidence par Tocqueville : quand les différences de statut et de revenu sont très importantes, elles peuvent paraître « naturelles », « normales » ou « dans la nature des choses » ; Il n'y a pas d'espoir réaliste de les modifier, sauf à recourir à une improbable révolution violente. Au contraire, quand ces différences sont faibles, il paraît réaliste et à la portée de chacun de pouvoir les abolir. Les différences de statut et de pouvoir sont donc facilement acceptées quand elles sont considérables et, au contraire, stimulent l'action pour les supprimer, de la part de ceux qui les subissent, quand elles sont faibles.

Cette attitude est renforcée par deux phénomènes de société :

• La société de consommation contient en elle-même le principe que chacun ou presque a potentiellement accès aux mêmes biens et produits, à un standard de vie et à des services similaires. Donc, chacun est amené à se considérer comme pouvant y aspirer et en cela devenir l'égal, socialement, de l'autre, sans distinction de classe ni de catégorie. C'est le phénomène large de démocratisation généralisée.

• Nous vivons dans une société qui est aussi une société de communication, un « village global », selon certains. Grâce aux moyens de communication modernes, de masse, le salarié est considérablement mieux informé des tendances, des événements et des faits hors de son travail, dans la société au sens large. Là aussi, des conséquences implicites se font jour. D'une part, des différences de traitement ou de statut pouvaient être acceptables tant qu'elles étaient ignorées ou invisibles mais lorsqu'elles sont mises en évidence par les médias, elles deviennent moins acceptables et même insupportables. D'autant plus que ces mêmes médias donnent une vision idéalisée ou déformée de ceux qui bénéficient du statut le plus favorisé aux yeux de ceux qui sont, relativement à eux, défavorisés. De plus, chacun est amené à croire, à tort ou à raison, qu'il bénéficie de la même information que tel autre. D'où la tentation de croire qu'il a la même compétence pour prendre des décisions qu'un autre et, plus particulièrement, que ceux qui sont en position de responsabilité hiérarchique.

L'attitude à l'égard de l'autorité en général a donc changé.

À ce niveau, par ailleurs, on constate, nos auditions l'ont confirmé, un clivage fort entre trois catégories de collaborateurs :

• les jeunes cadres (moins de 35 ans) ;

• les quadras (35/50 ans) ;

• les seniors.

Les jeunes cadres tendent à être incompris par les seniors alors que les quadras (au cœur des questions liées à la crise de milieu de vie) comprennent les aspirations nouvelles des juniors, même s'ils ont été formés et choisis selon les critères des seniors.

« JE VEUX FAIRE ! JE VEUX APPRENDRE : L'APPÉTIT DE RÉALISATIONS »

Notre étude a mis en évidence que le travail est considéré comme un moyen de réaliser non seulement certaines aspirations sociales identitaires, mais aussi des envies de réalisations, de « transcendances », d'expression de passions.

Aux yeux des salariés, l'entreprise leur accorde, dans l'exercice de leur métier, les moyens, les possibilités de créer, de faire... ce qu'ils ne pourraient faire seuls. L'entreprise continue d'attirer les jeunes et moins jeunes, soucieux de satisfaire leurs besoins d'entreprendre... avec une certaine sécurité. Un DRH remarquait : « Ceux qui choisissent les grandes entreprises ont souvent un profil de réalisateur, de challenger mais avec le souci d'avoir de vrais moyens d'action que peut offrir une certaine sécurité. Ils ont le goût du challenge mais pas de l'aventure, comme celui qui crée sa propre entreprise. »

Travailler pour agir

Chez les jeunes salariés, en particulier, on note un certain appétit au travail : ils veulent un travail intéressant, la possibilité d'apprendre, « s'amuser », la possibilité de prendre eux-mêmes des décisions.

La compétition a toujours sa place dans la motivation des salariés. Un jeune cadre marketing nous dit : « J'éprouve une joie profonde quand la part de marché est en hausse ; c'est presque jubilatoire. » Le travail reste une voie d'accomplissement, tel ce directeur d'usine envoyé en mission au Brésil pour démarrer une usine de yaourts qui éprouve ce sentiment d'accomplissement quand l'usine « tourne » et produit les tonnages attendus. Beaucoup ont encore la culture du « bel ouvrage », le plaisir de réaliser un projet...

Acquérir de nouvelles compétences

Les salariés attendent de l'entreprise qu'elle leur permette d'acquérir des compétences, pour leur travail d'aujourd'hui et de demain, ici ou ailleurs.

Apprendre de façon permanente des techniques, gagner des compétences professionnelles, maîtriser un métier ou des métiers, s'imprégner du savoir-faire des autres, cela permet d'améliorer son CV, d'acquérir une expérience « revendable », « valorisable ». « Si je peux, je choisis une entreprise qui va renforcer mon employabilité et me permettre d'apprendre à utiliser les logiciels dernier cri. » La problématique de l'employabilité, distillée dans les années quatre-vingt-dix à l'occasion des vagues de restructuration, a donc été intégrée par les salariés.

Le ras-le-bol des modes

Le souci d'apprendre est devenu plus exigeant. Les salariés semblent ne plus se contenter des formations standards, surtout dans les domaines du management. La nouveauté est, selon nous, la fin (temporaire ?) des modèles standards de politique de management. Les salariés attendent de plus en plus du « sur-mesure ».

Différents modes et modèles de management ont traversé les entreprises ces dernières décennies : Total Quality Management, Lean Management, Re-engeneering, GPO, MBO, etc. autant de politiques de management appliquées avec ardeur après une vente très convaincante par les cabinets de conseil.

Aujourd'hui, les salariés, surtout les plus anciens, sont lassés de ces demandes de changement incessantes. Le rythme des changements de politique de management dans les entreprises a induit une forme de fatalisme. Derrière l'apparence d'une recherche de meilleure efficacité, via le changement des modes de management, les collaborateurs ne voient souvent qu'une façon de marquer leur « prise en main » par les managers. « Celui qui a le pouvoir est celui qui peut faire changer les organisations et les hommes ou celui qui peut y résister. »

Objectif : le développement personnel

Les salariés attendent aussi de pouvoir bénéficier au sein de l'entreprise d'un développement personnel. L'attente n'est pas toujours précise, c'est plutôt un appétit (au sens étymologique d'ouverture) : appétit d'apprentissages, d'ouverture, de nouvelles expériences, « appétits pas forcément exprimés mais qui sont très présents », reconnaît un DRH.

Pourquoi les salariés cherchent-ils à satisfaire cet appétit dans l'entreprise ? L'entreprise offre souvent des mises en situation personnelle et professionnelle plus riches et plus variées que dans la vie privée : « On sublime nos propres limites personnelles et psychologiques parce qu'on est sous contrainte hiérarchique ou économique. » Un jeune diplômé : « J'ai un gros problème à l'oral ; depuis que je suis dans ce job, je progresse. »

L'entreprise est donc, pour beaucoup de salariés, un lieu d'ouverture, pour apprendre sur soi, pour découvrir des mondes différents et pour se révéler plus fort encore, armé pour les prochaines aventures.

Nous avons été frappés de l'engagement, de la fierté, de l'enthousiasme de très nombreux salariés à raconter, partager « leur » succès : « Vous avez vu la campagne de pub à la télé ? » « Mes accords sociaux sont bien, non ? » « Je suis hyper motivé par ce challenge. C'est excitant de voir l'usine sortir de terre ! » « Moi, j'adore. Vous imaginez, dans la période actuelle, j'ai 150 personnes à recruter d'ici septembre. C'est vital pour la boîte, mais c'est dur. Et puis, c'est bien pour l'emploi. »

CHAPITRE V – CE QUI ATTEND LES SALARIÉS DANS L'ENTREPRISE

En regard de ces attentes des salariés, nous avons voulu dégager de grandes évolutions de l'entreprise et de la société, qui transforment la relation au travail. Nous en examinerons sept :

• L'État, l'entreprise et la cité : un couple à trois ;

• Toujours plus ! ou la pression de la performance continue ;

• Plus jamais à vie ! ou le règne de l'éphémère dans l'entreprise ;

• Nouvelles technologies, nouveau travail, nouveaux contrôles ;

• L'entreprise à surface variable… ou la fin du lien d'appartenance ;

• Une sursollicitation des émotions ;

• Des managers sous pression.

L'ENTREPRISE OUVERTE

De nombreux acteurs extérieurs à l'entreprise exercent de multiples pressions sur l'entreprise et deviennent de fait des coacteurs indirects de la vie de l'entreprise et de la relation de travail des salariés.

L'État privatise les relations de travail

L'entreprise est manifestement toujours « en lien » avec l'État. Cependant, la nature de ce lien change. Il devient plus complexe, avec des tendances contradictoires qui vont modifier la relation au travail. Nous en proposons ici cinq illustrations.

Les contraintes budgétaires des États, les exigences de la mondialisation et le désengagement de l'État actionnaire induisent de nouvelles situations de travail. La liberté d'entreprendre est affirmée comme une valeur fondamentale, ainsi que la libre concurrence. Ceci conduit de nombreux États à privatiser des secteurs d'activité : communications, énergie, transports, etc.

Ainsi, les salariés du secteur de la téléphonie ont vu leur situation profondément modifiée. Certains, travaillant chez des opérateurs historiques, ont été confrontés à la mise en concurrence de leur entreprise, à la modification de leur statut et au face-à-face avec le client. « On assiste à une domination de l'idéologie libérale, on recherche partout la performance économique, on nous applique des critères de gestion qui ont soi-disant fonctionné dans l'entreprise tout en nous demandant de continuer à exercer des missions de service public. La privatisation crée de l'incertitude, de la menace et du risque. » D'autres salariés sont entrés chez des opérateurs privés où tout était à inventer et à construire dans un rythme effréné, générateur d'« un stress créatif généralisé ». Aller travailler dans un secteur où l'État est actionnaire ne garantit plus une relation de travail « stable ».

L'État au secours des salariés

Ce désengagement partiel via les privatisations ne met pas fin pour autant aux attentes des citoyens vis-à-vis de la puissance publique. Les salariés souhaitent qu'elle vienne au secours des acteurs économiques (entreprises et salariés) en difficulté ou pour les protéger d'éventuelles situations « menaçantes » (plan social, OPA, etc.) Par exemple, on sait que l'État allemand est traditionnellement peu interventionniste en ce domaine. Or, depuis quelque temps, les salariés citoyens exigent de plus en plus l'intervention de l'État. Ils veulent qu'il protège les entreprises victimes d'OPA. Un exemple significatif a été fourni lors du rachat de Mannesmann par Vodafone : l'État a été « contraint » de renforcer la législation anti-OPA. Dans d'autres cas, il a dû intervenir pour désigner d'autres dirigeants pour les entreprises en difficulté (par exemple, dans l'affaire Deutsche Telekom, où l'État est intervenu malgré l'avis même des syndicats).

Cette attente des collaborateurs dépasse parfois les intentions et souvent les capacités d'action des gouvernements.

La relation de travail n'est donc pas seulement une relation bilatérale employeur-employés. Elle est ouverte à la présence réelle, ou fantasmée, d'un État protecteur.

L'État, Zorro économique et social

Aux yeux des salariés, l'État est toujours appelé à conserver un rôle de régulateur, de juge, de gendarme, de la vie économique et sociale… n'en déplaise aux instances patronales. L'entreprise n'a pas « les mains totalement libres… Sa marge d'action est encadrée dans un ensemble de contraintes et règles, ce sont des lignes jaunes que l'entreprise ne doit pas franchir. C'est rassurant pour nous de savoir que la toute-puissance des entreprises a des limites », constatait un salarié.

La loi a depuis longtemps pénétré l'entreprise dans de multiples domaines… et encadre en particulier la relation au travail. Si un grand nombre de salariés semble satisfait de ce rôle de la puissance publique, d'autres, voire parfois les mêmes, reprochent au législateur de porter atteinte à la liberté d'entreprendre : « Plus d'État pour nous protéger, oui, mais moins d'État pour nous cadrer… » Quelles acrobaties pour l'État !

Face à la mondialisation des voix nouvelles se font entendre, par exemple en Allemagne et dans les pays scandinaves, pour réclamer une régulation plus forte par des instances publiques supra nationales et interétatiques.

L'entreprise ne peut plus se contenter du profit...

L'entreprise n'est plus simplement jugée à l'aune des résultats économiques. Elle est aussi jugée à l'aune du « sociétalement correct ». Alors que, dans les années soixante, seule la finalité du profit était reconnue pour l'entreprise, désormais, d'autres considérations sont prises en compte. Milton Friedman, en 1962, pouvait écrire, dans une approbation quasi générale : « ... il existe peu de courants plus dangereux pour les fondements mêmes de notre société libre que l'acceptation par les dirigeants d'entreprise d'une conception de la responsabilité sociale autre que de servir du mieux possible les intérêts de leurs actionnaires. » Aujourd'hui, à l'opposé de ce qu'exposait Friedman, dire qu'une société a pour unique vocation la satisfaction exclusive de ses actionnaires est « politiquement incorrect ». « Qui dit développement durable dit d'abord développement ; nous tournons le dos à la croissance zéro et aux tentations malthusiennes des années soixante-dix[8]. »

La logique de satisfaction de l'actionnaire reste la réalité mais elle est encerclée par les exigences de la société. « Le but ultime, c'est l'actionnaire mais il y a des passages obligés : c'est la prise en compte des exigences de la société. » Un dirigeant annonce

---

8. Robert Lyon, président d'Energie 21, cité par Boasson C. à la 24e rencontre annuelle de l'Ores, « Nouveaux acteurs, nouveaux risques », Les Vaux-de-Cernay, 18-20 septembre 2002.

comme objectifs pour son groupe : « La performance économique, l'innovation et la citoyenneté. Mon entreprise ne pourra pas se développer si elle est rejetée par la société. » La prise en compte de l'environnement a toujours été présente. Mais elle était auparavant plutôt gérée sur le mode défensif (en cas de crise). Les contraintes externes à l'entreprise sont maintenant intériorisées, intégrées comme des éléments à part entière de la stratégie.

Si l'on nous permet ici un anglicisme, le passage du *stockholder* au *stakeholder* est indiscutablement consacré. L'intérêt de l'entreprise est de plus en plus associé, au moins dans le discours, à celui de la société dans laquelle elle évolue, et les frontières entre l'une et l'autre deviennent poreuses.

Les facteurs d'ouverture de l'entreprise à la Cité

Plusieurs vecteurs ont soutenu l'ouverture de l'entreprise :

• Le développement d'agences de notation « éthique » (Vigéo, Core Rating par exemple) renforce ce phénomène. Pour évaluer les entreprises, elles prennent en compte de nombreux critères non financiers et sociaux. Leur notation influence les choix d'investissement des fonds « éthiques ». S'ils ne représentent encore qu'une tendance émergente en France, les fonds éthiques occupent aujourd'hui 13 % du marché américain[9].

• La médiatisation de l'entreprise, de ses actions, de ses produits, de ses dirigeants a pour effet secondaire de laisser les influences sociales extérieures envahir son espace. Nous sommes dans une culture de la communication, l'entreprise en est maintenant,

---

9. Viveret P. , « Reconsidérer la richesse », *Mission « nouveaux facteurs de richesse »*, rapport réalisé à la demande de Guy Hascoët, secrétaire d'État à l'économie solidaire, janvier 2002.

volontairement ou non, l'un des objets. Les dirigeants semblent avoir dans leur grande majorité pris la décision d'investir ce champ. L'entreprise soigne son image, entretient ses relations avec les élus, les pouvoirs publics, les associations de consommateurs et multiplie les opérations « portes ouvertes ». Elle fait appel à des « cellules de crise » au moindre mouvement extérieur qui la concerne. Un dirigeant nous confie : « Nous avons intégré cette dimension, elle devient parfois déterminante dans nos modes de décision. Nous nous posons souvent la question de l'impact médiatique et de l'acceptabilité par la société civile des décisions que nous allons prendre. »

• À un moment où l'État se désengage de façon majeure d'un grand nombre d'opérations de subventions publiques, les entreprises sont de plus en plus sollicitées, en interne et en externe, comme financeurs de projets à vocation sociétale – mécénat d'entreprise, opérations d'ordre humanitaire et caritatif, activités sportives, toute opération à connotation sociétale valorisée.

• Par ailleurs, les entreprises sont médiatisées, malgré elles, par de nombreux acteurs désormais très organisés et « communicants » : les organisations de consommateurs, les associations de protection de l'environnement, de petits actionnaires, les commissions anti-cartels...

Des salariés sous pressions multiples

L'image sociétale de l'entreprise colle aux salariés : « Depuis que notre président a été révoqué et que notre cours de l'action a chuté, mon voisin me regarde avec suspicion ». L'entreprise impose, volontairement ou involontairement, des identités aléatoires aux salariés... loin de la seule dimension gestionnaire de l'entreprise.

D'autre part cette nouvelle ouverture de l'entreprise à l'extérieur crée, pour les salariés, des relations de face-à-face qui impliquent de nouvelles compétences relationnelles, techniques, mais aussi psychologiques. « Avant, c'était le patron qui gérait les interfaces avec la ville et les associations, maintenant, c'est chacun d'entre nous à notre niveau. »

L'organisation du travail est aussi influencée. Elle n'est plus seulement orientée vers le client comme elle l'était dans les années quatre-vingt-dix, elle l'est aussi vers les autres acteurs de la vie civile. On repère ainsi, dans un grand nombre de sociétés, des directions *social responsibility,* ou des diplomes qui se créent sur ce sujet dans des grandes écoles de Gestion. Les départements « développement durable » s'inscrivent dans cette dynamique. De nouveaux métiers émergent. On voit apparaître des « déontologues ».

Par ailleurs, le salarié se trouve souvent pris dans des situations paradoxales : « En tant qu'agent de maîtrise, je dois veiller à assurer une production rentable de mon atelier tout en m'assurant de la fiabilité de ses installations en termes de protection de l'environnement. Quand je vais au club de foot de ma ville subventionné par mon entreprise, je me fais agresser par mes coéquipiers à cause de nos pollutions. » Il n'est pas toujours évident que l'intérêt de l'entreprise soit identique à celui de la cité dans laquelle elle évolue. De nombreux sujets de divergence ont en effet fleuri ces dernières années : sociaux (licenciements, plans sociaux, restructurations), environnementaux (pollution, accidents), fiscaux (évasion dans des paradis fiscaux et blanchiment d'argent), rapports avec les pays pauvres (exploitation d'une main-d'œuvre bon marché, alimentation de pratiques de corruption...).

En d'autres termes, l'entreprise se doit d'être ouverte et participative à l'extérieur comme elle voulait l'être en interne dans le modèle participatif des années soixante-dix, avec les risques inhérents au « tout-participatif ».

L'actionnaire reste présent

La présence de la cité dans l'entreprise ne doit en aucun cas faire croire que l'actionnaire n'est plus présent ou que son rôle est réduit. Bien au contraire ! Alors qu'on répétait dans les années quatre-vingt qu'il fallait satisfaire le client, les dirigeants mettent aujourd'hui en première ligne la satisfaction des actionnaires. Ce pouvoir des actionnaires a contribué à renforcer l'impératif de productivité : la part consacrée à la rémunération du capital dans la production de richesse est de plus en plus importante.

Le pouvoir des actionnaires s'est réaffirmé aussi récemment dans l'exercice du contrôle et de la révocation des dirigeants... renvoyant en cela à l'une des théories un peu oubliées des sciences de gestion[10] : le dirigeant-agent révocable des actionnaires est moins « enraciné » qu'on ne le croyait dans ses fonctions de dirigeant et peut être facilement renvoyé !

De nouveaux éclairages[11] se font aussi sur le rôle des actionnaires ou, plus exactement, sur l'émergence, contestée, de nouveaux acteurs de la vie des entreprises, exerçant des pressions « redoutables, redoutées et parfois contestables » : les intermédiaires de la financiarisation de l'entreprise – analystes financiers, agences de notation, banques d'affaires... L'entreprise est en

---

10. Théorie de l'agence.
11. Claude Bébéar, *Ils vont tuer le capitalisme*, Paris, Plon, 2003. O. Pastré et M. Vigier, *Le capitalisme déboussolé*, Paris, La Découverte, 2003.

tout cas sans conteste aussi sous la pression de ces acteurs inter-médiaires très particuliers, aux exigences le plus souvent décon-nectées d'un certain réel et peu soucieux de la dimension sociale et long terme de l'entreprise.

« TOUJOURS PLUS »

Toujours plus de concurrence, de performance, de mondiali-sation, de complexité juridique, de flexibilité, de changements, de rapidité dans l'entreprise… toujours plus de stress, d'éphé-mère, d'incertitude chez les salariés ! L'entreprise impose un cadre de travail où le surinvestissement est de règle.

Toujours plus de compétition !

« Pour travailler dans le marché concurrentiel aujourd'hui, il faut avoir beaucoup de courage ou beaucoup d'inconscience. » En écho à cette remarque d'un dirigeant averti, regardons les évolutions du marché :

• augmentation de la concurrence internationale et régionale ; comme tout va plus vite et plus loin, il est intéressant de consta-ter comment le sens du mot régional a évolué en vingt ans. Il signifiait naguère une sous-division du pays, il renvoie désor-mais à un groupe de pays, à une sous-division, à une grande région du monde !

• compétitivité accrue des nouveaux pays industrialisés, désor-mais sur le monde ;

• multiplicité des intervenants, des acteurs et des terrains d'activité ;

- accélération du rythme de l'innovation, raccourcissement du cycle de vie des produits (notamment par le fait des sauts technologiques de plus en plus fréquents) ;

- importance accrue de la qualité et du service comme avantage concurrentiel ;

- volatilité croissante de clientèles de plus en plus fragmentées ;

- guerre des prix intense, y compris entre les unités au sein d'une même entreprise ;

- internationalisation du marché du travail.

Dans un tel contexte, les salariés perçoivent l'environnement comme hyper complexe, peu lisible et extrêmement sollicitant, tant pour leur entreprise que pour eux-mêmes. Un salarié nous raconte : « J'ai conscience que les marchés protégés, la stabilité, n'existent plus, que la mondialisation a rendu le monde concurrentiel encore plus dur et cruel ! » Un autre d'ajouter : « Je sais bien maintenant que toute entreprise est mortelle et que mon travail est menacé et qu'il peut être remis en cause du jour au lendemain au gré des décisions des dirigeants. »

Les termes de « guerre », « combat », « survie », « victoire », « ennemis »… émaillent les discours des entreprises. Ceci suppose des exigences d'attitudes combatives, conquérantes des salariés. Les dirigeants s'imprègnent des lectures de Clausewitz et Machiauez, voire Mushashi et Sun Tsu, et vivent en situation de guerre économique, où les acteurs ne sont plus les États mais les entreprises, sur un échiquier mondial.

Toujours plus de risques !

Autre élément participant au « toujours plus » : les entreprises évoluent dans un contexte juridique de plus en plus contraignant et complexe. La multiplication des textes législatifs rend la gestion de l'entreprise ardue. « Le principe selon lequel nul n'est censé ignorer la loi devient une vraie gageure. » La peur d'oublier un aspect juridique d'un projet conditionne fortement les modes de travail. Par exemple, il convient de prendre en compte pas moins de 17 dispositions juridiques pour sous-traiter une activité. « La gestion est de plus en plus périlleuse et compliquée : on ne sait plus ce que l'on a le droit de faire ; soit les textes sont trop nombreux, soit difficiles à comprendre, soit ils s'opposent entre eux et tout ceci se complexifie encore quand on est dans un contexte international ».

Les fonctions juridiques internes, ou externes, aux entreprises se développent fortement. L'importance du métier de juriste est confortée. Il devient le support incontournable de nombreuses fonctions dans l'entreprise : Marketing, RH; COMM, DG, Production...

Cette « judiciarisation » s'accompagne d'une pénalisation : on assiste en effet à une augmentation des chefs de responsabilité pénale pesant sur l'entreprise, ses dirigeants et ses salariés. Ces derniers perçoivent maintenant que ceci ne concerne plus seulement les dirigeants.

Dans ce cadre, le risque devient une notion clé du management de l'entreprise et de la relation au travail. Les entreprises et les salariés s'organisent pour maîtriser ces risques. Des *riskmanager* deviennent les adjoints des directeurs financiers, qui nous confient : « C'est comme si, désormais, à chaque fois que nous agissons, nous devions à la fois prendre en compte nos objectifs en termes de performance économique mais aussi les risques encourus par l'entreprise, par ses dirigeants et par ses salariés. Ceci génère des paradoxes de gestion et aussi du stress psychologique. »

Indiscutablement, la société s'est « judiciarisée ». Ce mouvement est né aux États-Unis puis a gagné les pays européens. Ce qui était autrefois attribué à « pas de chance » ou au hasard doit maintenant trouver un responsable qui doit rendre des comptes (*accountable*). La pénalisation du droit des affaires et du droit du travail est décrite comme « pesante, lourde » par les salariés et les dirigeants que nous avons rencontrés. La notion, illimitée dans le temps et assez élastique (selon les pays), « d'abus de bien social » hante les mandataires sociaux. Le risque juridique est devenu une constante de la gestion opérationnelle.

Si tous reconnaissent la nécessité de la responsabilité, ils s'inquiètent de la dérive non pas juridique mais pénale. Une salariée raconte : « Un matin, à six heures, les gendarmes sont venus, j'ai failli être mise en examen parce que j'avais assisté à une réunion de soi-disant entente entre des concurrents. Moi, j'étais juste là pour aider à trouver la salle de réunion. L'affaire a été classée sans suite mais, psychologiquement, j'ai mis des mois à m'en remettre, et mes relations avec le voisinage ont été très détériorées. »

Des DRH interrogés estiment que la mise en place de délégation de responsabilité dans l'entreprise est de plus en plus difficile. En effet, les risques pénaux sont de plus en plus présents : « Les clients portent plainte contre X quand leur voiture a un accident, et, en tant que directeur de projet, c'est à moi de démontrer qu'il n'y a pas eu de faute. Je risque la prison pour mise en danger de la vie d'autrui et, même si j'ai un sursis, il peut y avoir une autre affaire qui le fera sauter : c'est dur à vivre ! » nous explique ce directeur de projet d'une firme automobile.

Les nouvelles normes, IFRS et les lois américaines, faisant suite aux affaires Enron, vont dans ce sens.

Toujours plus de performance financière !

La soumission à « toujours plus de performance financière » et la création de richesse pour l'actionnaire sont devenues un véritable leitmotiv. La création de valeur comme but de l'action managériale a fait monter la pression sur les salariés et en particulier sur les managers.

Dans ce contexte, l'atteinte des objectifs économiques annoncés est certes vitale pour l'entreprise... mais pas pour autant « satisfaisante ». C'est un minimum. Ce qui compte aujourd'hui, c'est le dépassement des objectifs annoncés l'année précédente et surtout l'annonce d'objectifs futurs surperformants. Un directeur financier constatait : « Notre valorisation en Bourse est positive dès lors que nous annonçons des objectifs futurs ambitieux et originaux. Leur atteinte quelque temps plus tard n'a pas d'impact positif. Ils étaient déjà intégrés lors de l'annonce. » En revanche, la non-atteinte de ces objectifs est, elle, valorisée négativement.

Tout ceci est délicat à intégrer sur le plan managérial... surtout quand les politiques d'actionnariat salarié sont fortement développées. « Il est difficile de motiver des collaborateurs pour atteindre des objectifs dès lors que cela n'aura pas d'impact positif sur le cours de leur épargne salariale ou leur stock-options », regrette un DRH. Les salariés vivent parfois le paradoxe de résultats opérationnels performants pour une valorisation financière de leur entreprise seulement passable.

La valorisation des entreprises est réalisée par quelques acteurs en particulier les analystes financiers homogènes dans leurs formations et leurs attentes. Avides d'informations les plus secrètes, ils sont malheureusement sensibles aux modes, aux rumeurs, aux changements de critères. Leurs choix sont parfois brutaux, difficilement prévisibles et répondant souvent à des rationalités différentes de celles du développement d'une entreprise. L'attribution des notes par ces agences d'évaluation financière a un effet énorme sur la valorisation de l'entreprise et son futur. « Voir sa note dégradée est dramatique, cela peut menacer non seulement les dirigeants de l'entreprise mais aussi tout simplement l'avenir de la société. »

La communication, quant à elle, devient quasiment aussi importante que « l'agir ». La récompense est obtenue au moment de l'annonce d'une mesure. Ce fonctionnement crée une situation de pression permanente autour des dirigeants et des salariés : « Que va dire la presse ? Comment communiquer ? Comment va réagir la Bourse ? » Cette situation contribue à créer un contexte d'insécurité maximale car les lois de la rationalité secondaire du temps, de la prise en compte du réel et du possible, ne sont plus les éléments prioritaires. Le diktat des agences de notation et l'importance de la logique boursière sont de plus en plus critiqués par certains grands patrons[12].

Autre caractéristique, les performances évaluées le sont à l'aune de modèles financiers de performance à court terme : « Quelle

---

12. Claude Bébéar, *Ils vont tuer le capitalisme*, op.cit.

est la durabilité de mon activité à moyen et long terme dès lors que l'entreprise et les marchés n'admettent pas une prise de risques à court terme et que le taux de rentabilité exigé par le marché ne permettent pas d'investir sur des projets longs termes ? » Rappelons la bataille entre l'entreprise automobile Porsche et la Bourse allemande au sujet de la publication obligatoire des comptes trimestriels ; le constructeur de voitures, qui a finalement cédé, estimait que les présentations nuisent à l'explicitation d'une stratégie à long terme.

Cette perception de la performance économique entraîne chez la quasi-totalité des salariés que nous avons rencontrés un sentiment de précarité et de perte de sens : les salariés semblent alors amenés à s'interroger : « Combien mon implication au travail va-t-elle me rapporter à court terme ? » Un DRH ajoute : « Et ceci, d'autant plus depuis la chute des plans d'épargne d'entreprise, les gens préfèrent du cash immédiatement et avant toutes les autres formes de rémunération… c'est comme si tout le monde fonctionnait dans le court terme. » Et ceci est vrai, du bas de l'entreprise au sommet, qui réclame du cash ou du monétaire différé pour la retraite[13].

Cette situation est amplifiée par la difficulté de lisibilité, par les salariés, des indicateurs de la performance économique. Cette question est d'autant plus importante que leurs rémunérations et le devenir de l'entreprise y sont souvent liés. On assiste à des successions de modes, de valses des indicateurs de performance. « On a connu la croissance du chiffre d'affaires, le ROP, la MOP, le REX, l'EBIT, l'EBITDA, l'EVA, le *free cash-flow*, le *learning share ratio*, le *price earning share ratio*… tout cela

---

13. Cf. l'étude du cabinet Korn Ferry International, 2002.

en très peu de temps et, à chaque fois, on nous explique que c'est le meilleur indicateur ! »

Toujours plus international !

La concurrence s'exerce aujourd'hui sur un marché non seulement européen mais mondial. La relation au travail implique désormais pour tous, sinon une appétence, du moins une aptitude à vivre l'international et ses conséquences. Cette dimension internationale exige de nouvelles attitudes, une résistance physique et un véritable savoir-faire interculturel... *L'Homo faber internationalis* est différent de celui qui travaillait jadis dans des entreprises... à vocation locale.

L'ouverture à l'international nécessite un effort important de la part des salariés pour s'adapter aux nouvelles conditions de travail. Il est de bon ton de dire que l'internationalisation est quelque chose d'excitant à vivre mais il est encore tabou de dire qu'il s'agit de quelque chose de physiquement et psychiquement éprouvant (les décalages horaires, les déplacements, les différences culturelles...).

La gestion de l'international est devenue extrêmement complexe[14] : « Notre filiale est aux États-Unis ; avec le décalage horaire, lorsque j'arrive le matin, j'ai ma corbeille de fax remplie ». « Nous avons dû mettre en place une organisation interne très lourde, complexe, matricielle pour prendre en compte la mondialisation du groupe avec son effet de taille, de différences culturelles, de spécificités juridiques variées voire contradictoires, les flux logistiques lourds. »

---

14. Huault I., *Le management international*, Paris, La Découverte, coll. Repères, 1998.

Un DG interrogé raconte qu'après une fusion « il a fallu passer du jour au lendemain à la langue anglaise comme langue officielle alors que tout le monde s'était formé à la pratique d'une autre langue ». Ces changements linguistiques sont difficiles à réaliser et demandent du temps. « Il y a un réel tabou : personne n'ose dire que cela n'est pas facile. Travailler en anglais, c'est comme faire une dissertation avec la langue d'un enfant de 7 ans alors qu'il s'agit d'exprimer des subtilités commerciales ou des montages juridico-financiers », nous explique cet ingénieur qui a dû se remettre à l'anglais ! « C'est très fatiguant car les nuances échappent, le sens de la gestuelle exige une vigilance permanente, on n'est jamais certain de ce qui a été compris, et les automatismes de réaction sont longs à se mettre en place. »

L'ouverture à l'international entraîne ces nouvelles contraintes auxquelles il est cependant difficile d'échapper quand on sait que 78 % des collaborateurs des entreprises du CAC 40 travaillent hors de l'Hexagone[15]. Un recruteur remarque qu'« il est aujourd'hui très difficile de recruter des cadres sans dimension internationale, la mondialisation a créé une norme de modernité, être international ou être ringard ».

Toujours plus d'incertain !

La complexité des marchés, de la vie économique, et leurs cycles courts rendent l'avenir toujours plus imprévisible. Tout peut arriver à tout moment, y compris le plus invraisemblable (11 septembre, Enron…) et est immédiatement communiqué *urbi et orbi*.

---

15. Cf. F. Bournois, J. Rojot et J.-L. Scaringella, *RH. Les meilleures pratiques du CAC 40*, Paris, Éditions d'Organisation, 2003.

De nombreux dirigeants d'entreprises se plaisent à constater que le terme même de planification a disparu. Le titre de directeur du plan, tellement en vogue dans les années soixante-dix, quatre-vingt, n'est plus du tout revendiqué « tant il évoque la mission impossible ».

Cette ère d'incertitude a été inaugurée par les deux chocs pétroliers de 1973 et de 1979. Les chocs financiers n'ont pas été en reste, avec la suspension de la convertibilité du dollar en or. Cette dynamique chaotique n'a fait que continuer. Qui, il y a trente ans, aurait pu prévoir l'effondrement du mur de Berlin, la fin des démocraties populaires, l'avènement du terrorisme sur la scène politique internationale et la dépendance des managers vis-à-vis de l'Internet et de la messagerie électronique ?

La période actuelle est celle de l'imprévisibilité au plan macroéconomique et macrosocial. Ce qui se répercute à l'échelle des entreprises. De fait, on assiste, dans l'entreprise, à une réduction de l'horizon à moins de trois ans[16]. La gestion prévisionnelle des emplois et des carrières (GPEC) qui valorisait, dans la durée, les contributions des collaborateurs, favorisant ainsi leur intégration, a été remisée dans la plupart des cas. Une prévisibilité d'un grand groupe de l'électronique n'hésite pas à avouer « qu'il ne connaît pas à 5 % près le nombre de collaborateurs qu'il emploie. Alors, me parler d'effectifs en gestion prévisionnelle, c'est une perte de temps ! »

Au niveau « micro » les relations de travail s'inscrivent désormais aussi dans un univers d'incertitude et d'éphémérité.

---

16. Batsch L., *Temps et sciences de gestion*, Paris, Economica, 2002.

Cet ingénieur de recherche et développement raconte : « En production, ils réduisent les postes d'encadrement ; moi, je pensais que je ne risquais rien, puisque seul expert scientifique dans l'entreprise... C'était vrai jusqu'à ce que l'activité soit vendue ; la recherche & développement étant alors assurée à l'étranger dans le centre de recherche du repreneur, je me suis retrouvé à l'APEC. »

La compétence ne suffit plus à protéger des aléas de carrière mais des réorganisations d'entreprise et des évolutions stratégiques.

Toujours plus de clients !

L'entreprise, qu'elle soit industrielle ou de service, a développé ces dernières années la relation au client.

Facteur complexifiant : les clients semblent être aujourd'hui de plus en plus velléitaires, hyperconsuméristes, volatiles, exigeants quant au prix et à la qualité. Fidéliser, capter les clients est devenu un véritable enjeu, motivant pour certains salariés, stressant pour d'autres. Les relations de type client-fournisseur ont été érigées en modèle de management dans le courant de la qualité totale des années quatre-vingt.

Le contact avec le client est perçu comme un élément primordial dans la performance de l'entreprise. Ce qui fera la différence dans la fidélisation du client c'est l'attitude du personnel, le comportement des agents avec lesquels il se trouvera en contact dans l'organisation, fortuitement ou non d'ailleurs, et leur volonté de donner une image positive de l'entreprise et de coopérer à son succès par des éléments parfois intangibles (petit service, initiative, sourire, etc.).

La relation de travail axée sur la logique client a été perçue par de nombreux salariés comme une ouverture de leur horizon sur le monde extérieur, un enrichissement du travail, un gain d'autonomie et un terrain d'observation et de chasse pour des opportunités à l'extérieur de l'entreprise. Elle a aussi renforcé la pression sur les salariés qui se sont retrouvés projetés en première ligne face aux satisfactions et insatisfactions des clients. Le contact direct implique une capacité de prise de recul face aux injonctions du client et donc une certaine maturité psychologique.

On constate une forme de parallélisme entre la moindre fidélité du client envers l'entreprise et la moindre fidélité du collaborateur envers son entreprise, répondant au moindre engagement de l'entreprise envers le salarié. Les responsables de recrutement confirment que des salariés de plus en plus nombreux, en particulier dans les jeunes générations, affichent, en amont de leur embauche, leur liberté et leur droit à « zapper » d'employeur dès lors qu'il n'y a plus de relation « gagnant-gagnant » et d'exprimer des attentes particulières, très personnalisées.

Une directrice du marketing de l'automobile explique combien elle a eu du mal à trouver des jeunes prêts à travailler le samedi pour accueillir les clients dans les salons d'exposition. Après qu'elle eut trouvé une candidate volontaire pour le poste, celle-ci a exigé en contrepartie de pouvoir travailler avec son chien le reste de la semaine. Après quoi, le responsable lui a demandé avec une certaine causticité s'il fallait aussi prévoir des tickets restaurant pour l'animal !...

Toujours plus vite !

Cette rapidité dans l'entreprise n'est pas nouvelle, mais elle a été considérablement renforcée par les développements réalisés dans les technologies de l'information et la communication. Il est possible maintenant d'obtenir de l'information « en temps réel », de la traiter instantanément, de la communiquer à tous les intéressés tout aussi vite et d'exiger là aussi une réaction instantanée.

Cette accélération semble être perçue de manière positive par les jeunes générations : « C'est créateur d'énergie ». « Je préfère aller vite, je ne m'ennuie pas, les situations bougent beaucoup, il y a de la variété... » Pour d'autres, les conséquences de ce nouvel état des choses sont lourdes : stress, épuisement professionnel, réactivation du mythe de Sisyphe... et, pour tous, absence de recul.

Autre raison de l'accélération : le souci de satisfaction du client. Au nom d'une entreprise hautement réactive, les temps d'exécution du travail sont considérablement raccourcis. « On n'attend plus patiemment, on agit vite, on produit vite, on va voir ailleurs, on licencie vite, de peur que l'actionnaire d'une journée ou d'une semaine ne soit séduit par les déclarations médiatiques d'un concurrent et aille investir vite ailleurs. »

Les politiques de management ont elles aussi contribué à cette accélération du rythme de vie dans l'entreprise. Le temps de réaction est devenu l'un des principaux paramètres de la mesure de la performance. Celui qui « réagit vite » est repéré comme « bon ». La pression se répercute ainsi sur toute la chaîne hiérarchique. Cette rapidité est d'autant plus difficile à gérer que les demandes et les sources d'information se sont multipliées dans les entreprises en réseaux, avec des organisations matricielles complexes. Les sollicitations augmentent en nombre et en provenance (collègues, responsables hiérarchiques, membres des différents projets transverses, partenaires extérieurs...). Chaque individu doit pouvoir hiérarchiser toutes ces multisollicitations. La question n'est donc plus de déterminer ce qu'il y a à faire, mais « ce que je vais ne pas faire aussi vite que demandé, donc de prioriser ».

Tout le monde devient plus impatient et réagit à l'attente sur le mode de l'excitation, de la fébrilité, de l'agacement. C'est vrai du manager vis-à-vis de son collaborateur et vice versa. Ce mode de travail en zapping retentit sur les relations en donnant l'illusion de la disponibilité permanente de l'autre, fût-elle par e-mail. Il s'agit évidemment d'une illusion puisque l'autre n'est disponible que jusqu'à la prochaine interruption ou connexion informatique. L'une des conséquences est la multiplication des réunions. Au moins, on « dispose de ses interlocuteurs » lorsqu'ils sont en réunion. Ceux-ci se plaignent de « perdre leur temps » si chaque minute ne leur est pas utile. « J'ai appris à être présent-absent pendant les réunions : je pense à mes enjeux personnels et je ne me mobilise que pour ce qui me concerne », nous explique ce dirigeant très équipé en nouvelles technologies et qui nous relate comment il traite ses messages électroniques alors qu'il simule une prise de note attentive pendant les différentes prises de parole.

« Faire perdre du temps » est considéré comme l'une des fautes les plus graves. L'une des principales valeurs ajoutées du manager est de faire en sorte que le temps de ses collaborateurs soit occupé à bon escient. Le temps est à la fois plus rare et plus fractionné en micro-périodes et il est plus que jamais un enjeu.

Autre changement, induit par les nouveaux outils de travail : la disparition des « frontières du temps ». Le temps « privé » est toujours susceptible d'être utilisé pour le travail. (« Avec mon PC portable, je travaille facilement à la maison. ») Le temps de transport est utilisé pour téléphoner, et la possibilité de se « connecter » de n'importe où renvoie à la culpabilité de ne pas « avoir fini son travail ». L'obligation de formuler une réponse immédiate (notam-ment par le biais du téléphone portable) limite le temps de réflexion et multiplie les possibilités d'erreur. Ceci est source de déséquilibre pour les salariés et de stress. Un sondage Ifop réalisé en 2001 confirme ce point[17] : 31 % des salariés interrogés placent « la course après le temps » comme principal facteur de stress.

L'organisation du travail a logiquement soutenu cette dyna-mique de la perte des repères temporels. Les équipes virtuelles, délocalisées, qui travaillent sur toute la planète, ne fonctionnent plus sur l'alternance classique du jour et de la nuit : le travail continue... ainsi que la pression ! Enfin, l'annualisation des horaires interdit la régularité des rythmes de travail alors que d'autres contraintes familiales, d'activités personnelles... ont de la difficulté à suivre les impératifs de la flexibilité ! « Si vous croyez que c'est facile avec une nounou de changer sans arrêt d'horaires ! Et on ne peut même pas prévoir, ils nous préviennent deux jours avant », se plaint cette jeune mère de famille.

Enfin, cette rapidité a fait disparaître une dimension de la responsabilité managériale : « Une décision prend tous ses effets quand son auteur est déjà parti ou a été promu ailleurs. » La

---

17. Sondage Ifop, « *Le stress au travail* », 2001.

relation de travail perd ainsi quelque peu sa dimension productive. La difficulté est réelle d'apprécier le prix de l'erreur et l'identité des responsables qui seront peut-être déjà partis, avec les primes empochées, alors que les conséquences de l'erreur n'auront pas encore été découvertes.

C'est de plus en plus dur...

Quel que soit le niveau hiérarchique, le monde actuel de l'entreprise est perçu comme un monde dur, surexigeant. Cette dynamique est génératrice de sentiments ambivalents : inconfort, souffrance... mais aussi, pour certains, et nous les avons rencontrés, de surmotivation, de fierté du combattant.

Des collègues, spécialistes[18] de ce sujet ont permis de lever partiellement ce tabou : de nombreux salariés éprouvent une réelle souffrance au travail. Le « surengagement » peut avoir des conséquences dramatiques sur la santé de l'individu (dépression, troubles physiques ou, cas extrême, le *karôshi* observé et décrit au Japon, qui est un syndrome de mort subite dû à l'épuisement professionnel).

Ces exigences permanentes placent les salariés en état de surcharge, avec des pressions quasi quotidiennes auxquelles ils doivent s'adapter : « Avec la RTT, on a davantage de vacances mais, au boulot, il faut travailler deux fois plus vite, sans jamais une minute pour souffler : avant, on allait prendre notre café et on savait ce qui se passait dans la boîte, maintenant, on bosse tout le temps au maximum, on n'a plus de temps de glaner des informations... » L'épuisement est une vraie problématique contemporaine, reconnaissait un psychiatre.

---

18. Entre autres, Aubert N., Gaulejac V. de, *Le coût de l'excellence*, Paris, Le Seuil, 1992.

Les salariés se sentent ainsi envahis par l'impuissance. Ce phénomène est aggravé par le fait qu'ils ne mesurent plus toujours la portée de leur fonction, de leur travail. La réalisation même de ces performances ne leur garantit pas la sécurité. Ils se disent être souvent dépassés par les lois du marché : « Il ne suffit plus d'être compétitif et performant pour que mon travail et mon entreprise survivent. Plein d'autres paramètres sont pris en compte et je n'ai pas forcément prise sur eux. J'espère simplement que mes chefs y voient plus clair. »

Les salariés se disent aussi victimes de pressions vécues comme paradoxales. Une assistante dans une SSII évoque : « Aujourd'hui, j'ai trois supérieurs hiérarchiques, en rivalité, et qui me demandent d'être disponible quand chacun en exprime le souhait et pour préparer le comité de direction auquel ils participent tous en même temps ! Si je travaille pour l'un, l'autre est insatisfait, que faire... ? » Un autre exemple, d'un directeur d'usine : « On va réorganiser l'entreprise pour la troisième fois en quatre ans, avec des déménagements d'activités, des changements de fonctions et des licenciements... et je dois à nouveau expliquer que c'est la meilleure solution : comment rester crédible ? Je sais bien quelles vont être les conséquences car ils ne connaissent pas vraiment notre technique mais il faut bien que je le fasse, et quand j'essaye de leur expliquer, ils ne veulent rien entendre ! Vous comprenez, je veux rester dans la région et, si je refuse, ils vont me virer : je n'en dors plus et je prends des médicaments car j'ai des palpitations. »

Ou encore un jeune consultant d'un cabinet de conseil de grande renommée : « Quand je suis rentré dans ce cabinet de conseil, on m'a bien expliqué : tu es jeune, tu ne sais rien, tu apprends, tu fais ce qu'on te dit de faire, on n'a pas le temps de discuter. Alors je me suis rendu chez mon client et je lui ai présenté des solutions avec lesquelles je n'étais pas d'accord. Le client non plus n'était pas d'accord, il a résilié notre contrat. Aujourd'hui, mon patron est furieux, il me reproche de ne pas être suffisamment autonome et de ne pas l'avoir alerté sur les impasses du projet ! On ne sait plus comment faire, et plusieurs consultants sont déjà tombés malades. »

Ce jeune consultant doit donc être à la fois obéissant et désobéissant. Cette situation le confronte de fait à l'échec. On reconnaît ici trois éléments organisateurs de la double contrainte, caractéristique[19] d'un « paradoxe pragmatique », décrite par Watzlawick. Selon les spécialistes, ces « doubles contraintes » sont particulièrement difficiles à affronter. Elles ont des effets destructeurs : stress, culpabilité, inhibition de l'action, dévalorisation, perte de confiance en soi... Il est fort probable que son supérieur hiérarchique ne soit pas conscient des effets néfastes de son attitude ou qu'il les banalise : « C'est comme ça qu'on apprend la vie ! » Il s'agit d'autant de défenses contre un fonctionnement qu'il impose aux autres mais qui lui est aussi imposé par son *n*+1, par ses clients, par les nombreux arbitrages bancals qu'il est obligé de faire, et tout ceci sans réelle visibilité sur son action... Ceux qui ont très fortement investi leur travail, les plus perfectionnistes, sont les premiers à en faire les frais. Les autres n'auront bien souvent qu'une parade salvatrice : la fuite[20], c'est-à-dire le désengagement au travail.

Les enjeux complexes de nos organisations obligent parfois les salariés à faire des choix difficiles. Ceci a toujours existé.

---

19. Watzlawick P. et *al.*, *Une logique de la communication,* Paris, Le Seuil, coll. Points Essais, 1984.
20. Laborit H., *Éloge de la fuite*, Paris, Gallimard, coll. Folio Essais, 1985.

Ce qui change, aujourd'hui, c'est la fréquence de ce type de choix et leur diffusion à tous les niveaux hiérarchiques.

Les nouveaux modes de travail provoquent donc une pénibilité, de la souffrance différente dans sa nature – à la souffrance physique de l'époque industrielle s'ajoute désormais une souffrance psychique ; mais aussi, et notre observation confirme celle des spécialistes, dans sa fréquence : la souffrance au travail paraît aujourd'hui en augmentation. Le malaise ressenti est important. Derrière la souffrance au travail se tapit aussi la violence d'un système vécu comme imposé. Les menaces pesant aujourd'hui sur l'emploi amplifient le phénomène.

Il est difficile, dans de telles conditions, de voir des salariés spontanément enthousiasmés par un allongement de la durée du travail : « Travailler encore quarante ans, mais comment on va tenir ? »

« PLUS JAMAIS À VIE »

Dans ce contexte d'augmentation et d'accélération des mutations de l'entreprise, la relation au travail est moins que jamais une relation stable à vie.

Un emploi à durée incertaine

« On n'est plus sûr d'avoir un travail à vie, » « et surtout plus dans la même entreprise ». Ceci est vrai du fait de ruptures imposées par l'entreprise – restructurations, licenciements, mutations géographiques imposées… – mais aussi de par les ruptures voulues par les salariés – le temps travaillé est souvent interrompu

par des périodes sabbatiques et autres congés de formation...
L'emploi à vie tend à disparaître voire à ne plus être souhaité[21].

Un directeur du marketing d'une entreprise de luxe n'ayant
pas été conservé à l'issue d'une fusion entre deux entreprises
nous expose son soulagement : « J'ai signé une transaction en
mois avec un départ effectif en juin. Dans un schéma classique,
j'aurais été furieux car on ne recrute pas bien en juillet-août.
Dans les faits, j'ai commencé à chercher un nouveau job en
septembre et j'ai trouvé pour début décembre. Quel soulagement
en fait que de pouvoir profiter de la ville, de régler les dossiers
administratifs personnels que l'on n'a jamais l'occasion de faire !
J'en ai profité pour déménager, changer mon cadre de vie, profiter
des expositions où je n'allais plus. Cette transition m'a
requinqué. »

Dans la majorité des cas, la notion de travail à vie a implosé
au corps défendant des salariés. Presque tous ont la crainte de
vivre, un jour, une phase de chômage ou de reconversion. Près
d'un tiers des salariés que nous avons rencontrés ont été
concernés personnellement par cette problématique, et d'autres
l'ont vécue à travers leurs proches. Le taux de chômage en
Europe est globalement élevé. On ne cessera jamais de dire
combien cette situation est collectivement et individuellement
grave, dévastatrice.

Un sentiment de précarité presque généralisé

Contrairement aux générations précédentes, les jeunes salariés
nous semblent de plus en plus familiarisés avec la relativité de

---

21. Viard J., *Le sacre du temps libre. La société des trente-cinq heures*, Paris, Éditions de l'Aube,
2002.

la relation de travail. Ceci ne veut pas pour autant dire qu'ils savent l'organiser tant psychologiquement que fonctionnellement. On a le sentiment diffus d'être entre deux mondes : « Nous oscillons entre le tabou de l'incapacité de l'entreprise d'offrir un emploi à vie et le souci assez inorganisé d'aider ceux – entreprises et salariés – qui sont confrontés à ces ruptures. D'où des excès dans les deux sens. »

Dans un environnement toujours plus incertain, les entreprises se tournent de plus en plus vers les formes d'emploi atypiques ou flexibles et recourent à la sous-traitance – l'entrée dans le monde du travail se fait désormais, dans une proportion considérable, par le biais d'un premier emploi en CDD ou d'un contrat de travail temporaire. Pour les débutants, y compris cadres, il n'est plus rare de voir des entreprises revenir à des CDD de dix-huit mois lorsque la conjoncture est incertaine. Même à niveau de qualification élevée, la pratique du stage comme préembauche est répandue pour les étudiants.

La précarité est donc aujourd'hui considérée comme possible. Il s'agit pour les salariés de s'armer, matériellement et psychologiquement. Ce technicien en informatique, jeune père de famille, nous raconte : « Mes parents ne comprennent pas pourquoi je ne construis pas une maison, comme eux-mêmes l'ont fait il y a trente ans ! Si je me lance aujourd'hui, je suis sûr d'une seule chose, j'en prends pour au moins quinze ans d'emprunt ! Trop risqué dans ma boîte, au rythme où ça va, je ne suis pas sûr d'y travailler encore dans deux ans. »

La dimension psychologique de survie est mobilisée : « Maintenant, quand je travaille, je ne pense plus seulement à produire mais aussi à repérer tous les indicateurs qui pourraient trahir une menace sur la durabilité de mon entreprise et de mon travail. Je veille à être toujours capable de rebondir s'il se passe quelque chose. Et ces questions-là, mes parents ne se les posaient pas ! » Autre citation qui traduit un sentiment très souvent avancé par nos interlocuteurs : « Avec tout ça, ce n'est pas que je m'investis moins, c'est juste que je suis plus prudent. Je fais toujours attention à pouvoir rebondir à temps, ailleurs et ne pas être piégé. »

On assiste à l'acceptation relative d'une certaine fragilité au travail et à une relation au travail « duale » ou en deux temps : « être productif » aujourd'hui tout en ayant en tête demain et ses inconnues. Il semble que le concept d'employabilité, fortement évoqué dans les années quatre-vingt-dix, a été intégré, bon an mal an. Les salariés doivent être prêts à rebondir et à se redéployer.

Aide-toi et l'entreprise t'aidera !

Les compétences sont sans cesse mises en cause. L'organisation se bouleverse à coups de fusions et d'acquisitions. Les changements technologiques transforment les méthodes de production, qui changent radicalement et immédiatement les compétences requises. Les collaborateurs doivent recomposer sans cesse leur portefeuille de compétences face à ces changements. Une « carrière » de quarante ans dans une progression de postes au sein de la même entité n'est simplement plus envisageable ni même envisagée.

UN DRH résume : « Dans le temps, il était bien vu d'avoir fait toute sa carrière dans une entreprise, aujourd'hui, c'est un véritable handicap. » Un autre d'ajouter : « Pour être compétitif, en interne et en externe, il faut changer de job tous les trois ans au sein de l'entreprise ou dehors tous les six ans ; ce que nous cherchons, ce sont des gens qui vont nous apporter des savoir-faire nouveaux et non des gens qui sont monoculturels et mono-compétences. Les chasseurs de têtes vous diront combien ils galèrent à retrouver des postes à des personnes qui sont restées plus de huit ans dans la même entreprise. »

Les critères des entreprises reposent désormais plus sur les notions de compétences immédiatement mobilisables dans leur nouveau contexte, d'adaptabilité et de multiplicité des expériences chez les salariés que de stabilité, de pérennité de poste dans une entreprise. Ces critères de gestion de parcours professionnels et de recrutement font éclater la notion d'emploi à vie.

Personne ne peut plus promettre que les compétences clés d'aujourd'hui seront toujours les mêmes demain, quand le propriétaire, la stratégie, le métier, la technologie de l'entreprise auront changé !

Les carrières éclair

Pour une poignée de cadres, « les salariés d'en haut », une gestion de carrières très rapides s'est développée. Les recherches conduites sur les salariés à haut potentiel ont montré combien le comportement de cette population sensible était transformé par ce nouveau contexte. Ces ressources rares pour l'entreprise étaient détectées très tôt, récompensées plus fortement, promues plus rapidement aux postes les plus importants.

Ces pratiques spécifiques de gestion avaient pour objectif de fidéliser les salariés à (très) haut potentiel sur le long terme. Elles se sont finalement révélées assez destructrices, les jeunes promus ne souhaitant pas rester longtemps dans l'entreprise, craignant de s'y ennuyer, de ne pas progresser et de manquer l'occasion de revendre plus cher leur expérience à l'extérieur. Un des plus grands cabinets de conseil avait développé et largement répandu chez ses clients il y a quelques années le concept de « guerre pour le talent[22] ». S'appuyant sur une enquête dans les principales entreprises nord-américaines, il proposait l'idée que pour battre les concurrents, il faut des gens de talent supérieur. Il s'agissait, en pratique, de repérer les plus brillants et les plus prometteurs, de les engager et d'en faire un groupe privilégié avec des rémunérations sortant des proportions habituelles, une promotion ultra rapide et une succession de postes à très hautes responsabilités... l'adepte le plus connu de cette doctrine l'ayant appliquée sans faillir. Les lecteurs initiés comprendront.

Pour la plupart des cadres, les temps de carrière se sont raccourcis, rien n'est plus handicapant dans l'entreprise que l'âge... À partir de 50 ans, parfois même avant. À un moment où l'âge de départ à la retraite augmente, les quinquagénaires sont rarement considérés comme « désirables » sur le marché du travail. Selon l'enquête Panel France 2002 de l'APEC[23], les recrutements en cadres de 50 ans et plus ont seulement représenté 3,4 % du total des recrutements en cadres dans le secteur privé en 2001. Le chômage est vécu comme une catastrophe alimentée par la réflexion : « À mon âge, qui peut vouloir encore de moi... ? »

Cette perception largement diffusée a des conséquences sur toutes les tranches d'âges. D'une part, il faut aller plus vite pour

---

22. Traduction d'extraits d'un article de Malcolm Gladwell, publié par le *New-Yorker* du 22 juillet 2002, parue dans *Commentaires*, n° 10, 2002-2003.
23. Enquête Panel France, Apec, 2002.

tout, et notamment pour faire carrière « avant qu'il ne soit trop tard », et d'autre part, il faut se préparer à vivre une fin de carrière déstabilisante, flottante et qui pourrait être longue. En somme, on a moins de temps pour aller plus vite et pour ensuite faire du surplace pendant de longues années.

NOUVELLES TECHNOLOGIES, NOUVEAU TRAVAIL, NOUVEAUX CONTRÔLES

Tant dans l'industrie que dans les services, les nouvelles technologies ont eu un impact profond sur les styles et les pratiques de gestion des ressources humaines, et donc sur la relation au travail. Un exemple frappant est celui de l'apparition croissante des plates-formes RH ou des services partagés. Certes, l'amélioration des technologies n'est pas un phénomène nouveau. Nous ne voulons pas débattre ici de la question de savoir si les technologies nées de l'informatique et des progrès dans les télécommunications ainsi que de leur combinaison sont vraiment « nouvelles » et fondamentalement différentes de la vague d'automation des années cinquante, par exemple. Cependant, l'introduction de technologies nouvelles sur le lieu de travail, à un rythme accéléré et sur une échelle de plus en plus large, est un fait qui a eu de multiples effets indéniables.

Plus de coopération

L'introduction des nouvelles technologies crée des postes dont le contenu devient trop complexe pour pouvoir être défini et décrit totalement par les services techniques. Ils ne peuvent plus être tenus par des opérateurs chargés d'exécuter des instructions. Il est impossible pour les descripteurs de définir par avance quelles actions et opérations vont être nécessaires pour le tenant du poste. Coopération et initiative sont nécessaires pour que les opérations se déroulent normalement.

Mais coopération et initiative ne peuvent être ordonnées ou commandées, à la différence de l'exécution correcte à un niveau satisfaisant de tâches simples qui correspondent à des technologies classiques. Il est impossible d'inclure leur exécution dans des définitions de poste. La politique de gestion des ressources humaines dans les entreprises doit prendre en compte cette nouvelle exigence, ce qui renforce encore la nécessité des nouvelles méthodes participatives de gestion.

Du reporting à Big Brother ?

Les modes de contrôle et de reporting ont largement bénéficié de l'informatisation. Avec l'avènement des progiciels intégrés de gestion, l'encadrement intermédiaire est soumis à des effets de contrôle puissants qui réduisent ses marges de manœuvre. « On mesure de plus en plus la performance et, grâce aux nouvelles technologies, on contrôle au plus près maintenant, on est très encadré c'est oppressant. » Dans le même temps, on tient des discours de responsabilisation… Nous sommes donc face à un paradoxe : l'implication et la responsabilisation sont nécessaires, elles s'appuient sur l'autonomie des acteurs, soumis pourtant à des contrôles contraignants pour orienter l'action (segmentation des clientèles, objectifs quantitatifs, de comportements – comme pour vérifier les résultats – reporting en temps réel, chaque jour, vérification à distance du temps passé et du mode de réponse des salariés des centres d'appel). On passe souvent alors d'une culture de l'effort : « J'ai fait tout ce que j'ai pu, vous ne pouvez rien me reprocher même si je n'ai pas réussi » à une culture du résultat : « Débrouillez-vous pour tenir vos objectifs ! »

Conséquences sur le syndicalisme

Sur un autre plan, ces nouvelles technologies ont modifié la manière d'accomplir le travail, qui s'est nécessairement individualisée. L'homme face à son écran s'est substitué à l'individu participant à la réalisation d'une tâche manuelle dans une équipe.

Cette transformation de la nature du travail et donc du « profil » du salarié entraîne également des conséquences pour le syndicalisme. Négatives d'abord : contrepoids collectif, le syndicalisme a développé une culture ouvrière. Anonyme dans son travail, le salarié retrouvait une identité parmi ses camarades. Il existait par la collectivité.

L'utilisateur des nouvelles technologies d'aujourd'hui se perçoit plus comme un technicien qui maîtrise, individuellement, sa mission, son métier. Il n'a plus, ou du moins ne ressent plus, le besoin du collectif pour le représenter et pour porter ses problèmes face à la hiérarchie. L'adhésion syndicale ne lui paraît donc pas adaptée à sa situation.

Il est, par exemple, significatif de voir diminuer très parallèlement le nombre des salariés de la sidérurgie, et le nombre d'adhérents au syndicat. La nouvelle classe salariée n'est plus majoritairement ouvrière, et les ouvriers modernes qui ont un bac ou bac + 2 ont d'autres réactions et d'autres attentes !

Mais les nouvelles technologies de l'information peuvent aussi constituer un outil pour le syndicalisme. Il peut désormais, via l'intranet, informer, sensibiliser, alerter les salariés. Et si le climat se détériore, il peut recourir à une nouvelle arme de pression sur la direction en diffusant des informations sur l'entreprise au monde entier, via Internet.

Cette situation nouvelle incite d'ailleurs de plus en plus d'entreprises à négocier des accords précisant l'accès, l'utilisation et les règles du jeu des NTIC (Nouvelles Technologies de l'Information et de la Communication) par les syndicats.

« Démocratisation » de l'information

Les NTIC ont aussi un impact majeur sur le rapport à l'information : disponible, peu coûteuse, facile à faire circuler, accessible à tous rapidement et difficile à contrôler. « J'ai failli perdre un très bon candidat, dit ce dirigeant des cadres, car il avait vu sur un site Internet que son futur patron était caractériel, avec exemples à l'appui ! » On démontre de plus en plus de sites ou de blog portant sur les « grandeurs et misères de la vie au travail, sur les relations hiérarchiques, et même sur les activités de l'entreprise.

L'information sur l'entreprise, sur les postes... n'est plus l'apanage de la hiérarchie. Tout le monde peut en disposer, et le collaborateur est souvent le premier informé ! Le rôle du management en est profondément modifié et le développement de la capacité à gérer la prolifération des mails n'est qu'un aspect secondaire de ces évolutions.

Autre conséquence, l'information étant plus accessible à un plus grand nombre de personnes, le manager de proximité perd une part de ses privilèges. La liberté des niveaux intermédiaires augmente du fait de cette information. Cela renforce indirectement la capacité de contestation des salariés. Ils exercent désormais un contrôle relatif sur les zones d'incertitude de leur patron.

L'ENTREPRISE À SURFACES VARIABLES

Le changement permanent

Les jeux sur l'organisation sont nombreux et récurrents. Un dirigeant : « On change sans cesse d'organisation, et cela s'impose à tous. Parfois, on a le sentiment que ce n'est pas la question, le problème que l'on va résoudre, mais il faut donner un signe et alors, on change l'organisation. » Ici, ce n'est pas la structure de l'entreprise qui est concernée, c'est son organisation interne, son mode de fonctionnement.

Faire tous presque pareil

Les mutations récentes de l'environnement de l'entreprise ont modifié les représentations de l'organisation, son rôle fonctionnel dans la structuration de l'action collective et dans les contributions des personnes et des groupes. Ces différentes visions de l'organisation auraient pu autoriser une variété de modèles de fonctionnement. Il n'en est rien, bien au contraire. On assiste depuis une décennie à une homogénéisation des modèles à travers les pays, les métiers, les statuts et les tailles des entreprises et des organisations !

En effet, les changements récents dans les organisations du travail ont été réalisés le plus souvent avec l'appui de cabinets de conseil, qui ont tendance à proposer les mêmes solutions, bien rodées. Pour initier régulièrement de nouvelles missions, ils doivent savoir renouveler leur « doctrine managériale », les solutions proposées et/ou partir de l'hypothèse selon laquelle tout changement est bénéfique. Pour rester crédibles, ils se réfèrent à d'autres entreprises et/ou d'autres interventions, ce qui contribue à l'uniformité des solutions imposées, souvent au détriment de la prise en compte de la réalité du terrain et de son histoire.

Par ailleurs, le principe de précaution conduit inévitablement les dirigeants à adopter les solutions « reconnues » par leur environnement. Comme leur responsabilité est de plus en plus souvent mise en cause, il leur faut se prémunir contre des critiques éventuelles. Ainsi, quoi de plus simple que de faire comme ceux qui ont réussi, conseillés par les cabinets les plus reconnus ? En cas d'échec, tout le monde estimera qu'ils n'ont pas pris de risques inconsidérés et qu'ils ont géré leur entreprise de façon raisonnable. L'échec ne leur sera pas imputé mais le sera au contexte ou au cabinet de conseil.

Ces cabinets de conseil, au-delà des solutions qu'ils apportent, sont donc plus souvent achetés comme une assurance, quitte à devenir, en cas d'échec, un bouc émissaire pour les dirigeants.

Les organisations d'aujourd'hui s'appuient toutes peu ou prou sur les pratiques suivantes : l'individualisation des missions, la rapidité des changements organisationnels, l'interculturel, la structuration par le temps et non plus par l'espace, le développement du travail en équipes temporaires, le développement des réseaux, la précision du reporting, la création de valeur...

Une tendance commune : le développement des organisations musclées

Le point d'aboutissement de ces efforts continuels et souvent contradictoires dans le temps est sans doute les organisations dites « respirantes » ou « musculaires ». Le changement y est introduit pour la valeur du changement : « Décentralisons par exemple ce qui était centralisé et vice versa. » Le principe est simple : ce qui fait la force d'un muscle, c'est de l'exercer. Le changement étant indispensable pour s'adapter aux évolutions de l'environnement, autant ne pas attendre d'avoir à réagir mais favoriser une organisation souple.

Sans aller jusqu'à cet extrême, on se demande parfois, dans les entreprises actuelles, s'il ne s'agit pas du jeu favori des dirigeants. Chaque nouvel arrivant commence par changer l'organisation mise en place par son prédécesseur, trop souvent au nom des mêmes objectifs de performance et de compétitivité ! Cela aboutit à la redéfinition des périmètres de responsabilités avec leur cortège d'incertitudes et de luttes de pouvoir accrues et aiguisées, à des changements de rattachement, parfois à des modifications des priorités et des modes de travail, mais, bien souvent, l'organisation réelle, celle qui est confrontée au quotidien des contraintes de l'action, est peu touchée par ce qui lui apparaît comme des révolutions de palais. « La direction générale prend la parole, le management organise, les opérateurs produisent. » Au-delà de tous ces changements, l'enjeu réel reste le même : faire en sorte que les efforts fournis, l'engagement de tous, la performance de chacun soient cohérents entre eux et dans le cadre de la stratégie de l'entreprise.

L'affaiblissement de l'organisation

L'organisation est censée influencer l'étayage des fonctionnements psychiques individuels : elle prédéfinit socialement un certain nombre de priorités et de modes de gestion des relations et des émotions. Ce n'est plus à l'individu de « choisir » consciemment ou non, volontairement ou non, comment gérer des tensions et des émotions : l'organisation lui indique et lui impose des voies de traitement « économiques » car consensuelles et déjà pensées. Le sens des actions, les priorités et les principes de choix, la gestion des conflits et des tensions, le rôle à tenir, la définition du « bon management », les comportements adaptés et attendus... ne relèvent plus d'une réflexion personnelle et de la liberté de l'individu.

Ils sont partagés et « réglés d'avance » par la communauté humaine à laquelle le salarié participe. La souffrance et le stress engendrés par les changements organisationnels et par les organisations complexes proviennent en grande partie de la nécessité pour chacun de reprendre personnellement, psychiquement, ce qui était auparavant « régulé » collectivement.

Si ce double effet humain, relationnel et psychologique, joué par les organisations est aussi fondamental que leur rôle opérationnel, il est désormais souvent touché profondément par les réorganisations permanentes. La fragilisation de l'étayage par les changements d'organisation est souvent pour les dirigeants, sans effet négatif car ils sont en posture d'initiateurs du changement. Pour les autres salariés l'effet « contraignant et déstabilisant » est renforcé par l'absence d'explicitations non pas seulement des motifs et impacts généraux de changement, mais aussi des impacts sur les attentes explicites ou implicites du salarié remises ainsi en cause par le changement. Le principe selon lequel les hommes n'ont qu'à s'adapter ou partir semble encore de règle dans une majorité d'entreprise... Mais le coût de cette méconnaissance est autant humain qu'économique !

L'organisation vise à faire en sorte que tous travaillent dans le même sens : celui de la stratégie. Mais, au-delà de ce strict objectif d'efficacité collective, l'organisation dissimule les intentions cachées des acteurs. Par définition, elle n'est pas pérenne. Dès lors, les changements dont elle est l'objet sont sujets à tous les excès et aux conséquences multiples, notamment sur les individus.

Des entreprises en perpétuelle fusion, des salariés sous perfusion...

Le changement de structure des entreprises est devenu, avec les restructurations, les fusions-acquisitions, les cessions, les scissions, presque permanent.

Des pans entiers de secteurs d'activité ont été réorganisés et développés par fusion – par exemple, le secteur pharmaceutique ou sidérurgique. Ces opérations de croissance externe pour atteindre par exemple la taille critique, faire des économies d'échelle, acquérir de nouvelles parts de marché... demeurent une tendance lourde et récurrente de notre économie. Les opérations de restructuration, de scission, de cession pour se désendetter se développent actuellement.

L'ensemble des salariés que nous avons rencontrés ont fait part de leurs « difficultés » à vivre ces opérations de restructuration : « Nous les subissons, et on a le sentiment que ça ne s'arrête pas », « Moi j'en suis à la cinquième fusion depuis quinze ans, on a à peine fini une restructuration qu'on en recommence une autre, c'est crevant, angoissant et surtout on ne sait plus où on est, qui dirige. »

Certains spécialistes parlent du « syndrome des fusions et restructurations[24] » : il est clair que la relation au travail dans de tels contextes est complexe. Elle renvoie aux sentiments et réalités de précarité, de stress, de survivance et de perte du sentiment d'appartenance.

---

24. Pour exemple, Pfeffer J., *The Human Equation*, Harvard Business School Publishing, 1998.

Nouvelles formes d'entreprises, nouvelle confusion des liens salariaux

La structure même des entreprises aussi a évolué. On connaissait par exemple en France les SA, SARL, SNC etc., structures classiques ; désormais, de nouvelles formes plus « hybrides » sont utilisées. Les entreprises ont développé des formes de partenariat nouvelles : joint-ventures, filiales de recherche communes montées pour un temps, accords entre constructeurs (parfois concurrents) sur des plates-formes communes... Ces fluctuations des formes des entreprises rendent plus confus, changeant, diffus, le sentiment d'appartenance des salariés aux entreprises.

Nous avons constaté un décalage de plus en plus fréquent entre les structures juridiques qui portent les contrats de travail et, d'autre part, les structures managériales (par exemple, *business units*) dans lesquelles travaillent les salariés. Or n'a-t-on pas clamé des décennies durant que le sentiment d'appartenance et la lisibilité de ce lien entre le salarié et l'entreprise était une des clefs du succès ? Dans son ouvrage à grand retentissement, *L'équation humaine*, J. Pfeffer[25] prônait l'ancrage sur le renforcement du sentiment d'appartenance.

Or, aujourd'hui, on ne peut que se poser la question de l'objet de l'appartenance. L'entreprise est trop mouvante, changeante, pour offrir ce sentiment d'appartenance. Que dire de ce sentiment quand il a suffi de quelques coups de peinture pour changer, à l'entrée de l'usine, le nom de l'entreprise, à trois reprises en moins de cinq ans ! Un agent de maîtrise de production de cette usine chimique nous raconte : « En changeant le nom de notre usine, nous avions perdu notre savoir-faire : nos "règles de l'art", que nous avons

---

25. *Idem* (26).

améliorées progressivement pendant plus de vingt ans dans notre atelier, ont été balayées en quelques mois par la nouvelle direction ; et maintenant, on s'étonne que les accidents graves se multiplient ! »

Sous-traitance et maltraitance du lien d'appartenance

Autre forme d'« effraction » de la structure classique des entreprises : *la* sous-traitance se développe[26]. Elle modifie, elle aussi, le sentiment d'appartenance[27] et la notion même d'entreprise. Quels sont les métiers clés d'une entreprise, quels sont les services qui constituent une entreprise, jusqu'où peut-on sous-traiter ? Autant de questions qui ne trouvent pas de réponses précises et univoques. N'a-t-on pas entendu un dirigeant d'un grand groupe industriel proposer une externalisation de ses sites industriels ? L'identité de l'entreprise et, par ricochet, celle des salariés est modifiée et perturbée. Les salariés de la partie allant être sous-traitée considèrent cette décision comme une vente « sans leur demander leur avis », et les salariés restant dans l'entreprise, comme une menace indirecte (« à quand notre tour ? »).

C'est l'identité même de l'entreprise et, par là, l'identité professionnelle des salariés qui est atteinte et doit sans cesse se reconstruire.

L'entreprise qui sous-traite ainsi que l'entreprise sous-traitante sont intégrées dans des réseaux de plus en plus complexes, de moins en moins stables. Il n'est plus toujours facile de déterminer qui est lié à qui. Dans de nombreuses entreprises, le directeur

---

26. Depuis 1990, le marché européen de la sous-traitance industrielle s'est accru de plus de 80 % en volume ; in D. Coué, *Étude de la sous-traitance européenne,* étude réalisée pour Riost, en association avec le Midest, 2000.
27. Donnadieu G., « Les nouvelles régulations dans une entreprise en mutation », *Personnel,* n° 395, décembre 1998.

des achats s'intéresse tout particulièrement au management des ressources humaines pratiqué par les sous-traitants, car il souhaite réduire les risques liés à l'intervention de ces sous-traitants. Si le management des ressources humaines du sous-traitant se révèle défaillant, les risques sont accrus pour l'entreprise en termes de fiabilité des prestations, de responsabilité juridique mais aussi d'image. Les risques de médiatisation sont accrus car l'amalgame entre entreprise et sous-traitants est souvent fait.

Le salarié est lui aussi intégré dans ces réseaux nouveaux, beaucoup plus incertains quant à leurs frontières. La sous-traitance a aussi pour effet d'accroître la responsabilité de l'encadrement. Tout salarié d'un sous-traitant effectuant une mission dans une entreprise engage la responsabilité juridique, économique non seulement du sous-traitant (son employeur officiel) mais aussi celle de l'entreprise qui sous-traite, alors que celle-ci n'a aucun lien hiérarchique avec ce salarié.

La « décollectivisation » du travail

La mouvance de l'entreprise que nous venons de décrire contribue souvent à l'éclatement des structures sociales collectives. Les principales manifestations de cette « décollectivatisation » sont :

- l'importance croissante des accords d'entreprise aux dépens des accords de branche ou des accords nationaux ;

- une plus grande variété des contrats de travail : contrat de travail à durée indéterminée, contrat de travail temporaire, à durée déterminée, involontairement à temps partiel, d'emploi-formation, etc. ;

- la cohabitation de salariés bénéficiant de statuts différents dans la même entreprise, en particulier, suite aux privatisations, entre salariés du secteur public et salariés du secteur privé (par exemple, les opérateurs historiques de télécommunication).

• la cohabitation entre ceux qui travaillent dans des secteurs exposés à la concurrence internationale et ceux qui travaillent dans des secteurs protégés nationalement ;

• l'émergence de groupes caractérisés par des qualifications nouvelles et spécifiques : par exemple, chercheurs, analystes-programmeurs... Ces groupes de professionnels ont des intérêts propres très éloignés d'une solidarité globale. Ils répondent plus à une logique caractéristique de leur profession qui se réfère à la manière dont elle s'exerce dans d'autres entreprises qu'aux conditions des autres salariés de leur entreprise ;

• la sous-traitance fait cohabiter sur un même site une multiplicité de salariés dans une multiplicité de statuts différents, pour des périodes répétitives et parfois prolongées ;

• le travail en équipe s'est beaucoup développé dans les organisations actuelles : les structures par projet ont imposé de créer des liens avec des personnes de spécialités diverses et pour une durée déterminée, parfois avec plusieurs équipes dans plusieurs lieux ; la capacité à s'engager émotionnellement dans des rapports humains forts et variés mais pour un temps limité contribue à cette individualisation et à proposer une appartenance, une « participation » multiple à durée limitée !

• enfin, chacun doit savoir jongler avec des casquettes multiples : salarié, sous-traitant, supérieur, subordonné, actionnaire, client, citoyen... au sein de la même entreprise, selon les sujets et les circonstances : sur quelle permanence étayer son identité sociale et à quel groupe se référer ? Le collectif est donc maintenant un collectif à « durée déterminée ».

UNE SURSOLLICITATION DES ÉMOTIONS

Montrez vos émotions !

L'émotion est un mode d'adaptation aux multiples opportunités de la vie. Les émotions de base ou primaires sont la colère, la joie, la tristesse, le dégoût, la peur, la surprise, le mépris, la détresse, la culpabilité, la honte, l'amour, l'intérêt. Elles peuvent être accompagnées de manifestations physiologiques et comportementales d'intensités variables, perceptibles ou non par soi-même et par les autres, en réponse à des représentations, des situations, des relations.

Les médias l'ont remarqué : la reine Elizabeth a versé sa petite larme en public. C'est vrai aussi de certains hommes politiques et, de plus en plus souvent, des sportifs ou des artistes. Au-delà de l'aspect spectaculaire, une évolution majeure se dégage : « Les individus osent vivre et agir sur le terrain des émotions. » Ce faisant, ils affirment plus leurs identités que les structures sociales traditionnelles ne le leur permettaient auparavant. Les émotions, que ce soit dans ou hors de l'entreprise, ont trouvé droit d'être affichées. Livres, discours politiques et d'entreprise, marketing… tous renforcent cette évolution.

La gestion des émotions comme compétence professionnelle

Il est de plus en plus demandé, directement ou indirectement, aux collaborateurs de faire appel à leurs capacités émotionnelles pour remplir leur mission. Cette sollicitation émotionnelle à tous les niveaux de la chaîne hiérarchique est récente.

Presque toujours l'accent est mis sur les compétences, les compétences relationnelles et cognitives qui sont en lien direct avec les émotions des individus : savoir communiquer, mobiliser, être crédible, créatif, honnête et rigoureux, savoir gérer les tensions et les conflits, s'opposer...

Le relationnel, nouvelle pierre angulaire de l'entreprise

Chacun doit ainsi professionnaliser le mode de gestion de ses émotions. C'est vrai, par exemple, pour gérer un changement : pour faire adhérer à un changement, l'entreprise joue sur les registres plus émotionnels que ceux, anciens, de la force, du pouvoir et de l'autorité.

Mais c'est aussi de plus en plus vrai dans la plupart des tâches de la vie quotidienne professionnelle, où la logique du service, du face-à-face, du relationnel est devenue plus importante. L'entreprise s'est réorientée vers un mode interne et externe d'organisation inspirée du monde des services : cela concerne tous les secteurs, industries comme administration. La caractéristique des services est en effet d'être en contact permanent avec le client. Ce dernier a lui-même comme caractéristique d'être de plus en plus exigeant et de l'exprimer. À qui ? Aux collaborateurs. On leur demande de puiser dans leurs ressources émotionnelles pour faire face à des tensions relationnelles dans lesquelles, par définition, le client a raison ; mais, le plus souvent, le salarié ne pourra pas lui donner satisfaction. Un exemple caractéristique de cette sollicitation émotionnelle est constitué par les services après-vente des distributeurs.

Le monde du travail devient fortement consommateur de ressources émotionnelles. « On attend de nous d'être capables d'empathie, de réagir de façon appropriée et pas que techniquement, on doit de plus en plus intégrer la sensibilité de nos interlocuteurs. » La capacité à gérer le relationnel et donc l'émotionnel devient donc essentielle pour réussir dans son travail : savoir anticiper, comprendre, désamorcer les réactions de ses interlocuteurs est fondamental.

En d'autres termes, les salariés sont désormais plus « exposés », exposés à un nombre de plus en plus important de contacts : clients, collègues dans des structures matricielles, fournisseurs, médias, représentants de la cité... Savoir gérer les problèmes relationnels devient un plus car toutes nos organisations reposent sur du relationnel », résume un DRH.

Cette professionnalisation de la capacité à gérer ses émotions peut être une vraie source d'apprentissage : « Dans mon call center, on nous apprend à répondre aux clients. J'étais très timide et je n'osais pas m'affirmer ! Au téléphone et pour la boîte, c'est plus facile et maintenant je sais faire aussi pour moi ! »

L'intelligence émotionnelle[28], au sens de la capacité à comprendre les émotions des autres, à comprendre et gérer ses propres émotions, et enfin à influencer les émotions de son environnement est désormais reconnue comme une compétence indispensable en matière de management. Elle est aujourd'hui nécessaire aux collaborateurs appartenant à tous les niveaux de la hiérarchie.

Gérer ses émotions pour s'adapter et se réadapter en permanence

Comme évoqué précédemment, le rythme et la quantité de changements se sont accrus. L'adaptation est le maître mot de l'entreprise vis-à-vis des collaborateurs. Pour les salariés, cela se traduit

---

28. Goleman D., *L'intelligence émotionnelle*, Paris, Robert Laffont, 1999.

par des sollicitations permanentes non plus seulement centrées sur l'amélioration de la performance, comme c'était le cas traditionnellement, mais aussi sur la mobilisation des émotions.

Or, le changement, émotionnellement, est « dangereux » : il y a, dans les cultures managériales contemporaines, danger à ne pas changer et à être désigné comme incapable d'évoluer. Il y a aussi danger à changer et à perdre ses repères et points d'équilibre et se mettre ainsi, pour un temps, en situation de contre-performance. Le changement renvoie naturellement aux sentiments de peur face à l'inconnu, il multiplie les zones d'incertitude, de luttes potentielles de pouvoir.

« Avec tous ces changements, je ne connais plus ni mes interlocuteurs, ni les objectifs sur lesquels je serai évalué. Alors je préfère rester prudent et ne pas me lancer dans de nouveaux projets… »

L'affectivité… à double tranchant

Les entreprises ont longtemps conduit leurs collaborateurs à s'investir affectivement dans leur travail : ils étaient censés être alors plus efficaces. « On aimait son entreprise, son travail, on travaillait pour son chef. » Cet excès d'affect sollicité sous une forme positive (motivation) se retourne souvent contre l'entreprise sous une forme négative (amertume, sentiment d'avoir été manipulé, voire même rejet). En outre, cette motivation affective rend souvent difficile la critique, la personne confondant ce qu'elle fait et ce qu'elle est…

Les managers prennent alors conscience, mais souvent trop tard, que l'affect est une matière dangereuse à manier. Investir ainsi le terrain émotionnel comporte dangereusement des risques d'empiètement sur la sphère privée des salariés, de manipulation.

Le stress : une pathologie en développement

Cette sursollicitation émotionnelle contribue à placer les effets du stress professionnel en tête des maladies professionnelles (après le mal de dos). Selon nos observations et confirmant en cela certains sondages[29], les salariés majoritairement qualifient leur travail de stressant.

Au-delà d'une utilisation parfois abusive du terme de stress, la psychologisation des compétences attendues et l'augmentation de la pression globale imposée à tous génèrent du stress.

Le risque professionnel s'est progressivement déplacé du physique vers le psychique ; cependant, l'entreprise reste assez démunie pour y faire face. La plupart des entreprises sont même dans la négation du phénomène. On préfère dire que ça n'existe pas plutôt que de tenir compte de cette dimension comme l'une des données de l'entreprise. Pour autant, aucun dirigeant pris en particulier ne conteste que les sollicitations auxquelles sont soumis leurs collaborateurs ont considérablement augmenté. La plupart savent que si le stress est indispensable à toute situation de performance, lorsque l'individu se sent débordé dans ses capacités d'adaptation, ses performances baissent ; le stress devenant négatif tant pour l'individu que pour la collectivité.

Les travaux sur le stress montrent que le niveau de stress des salariés est corrélé au risque de trouble pathologique anxieux et dépressif mais aussi à des troubles somatiques et psychosomatiques qui peuvent aller jusqu'au risque de mort : la baisse des défenses immunitaires, les infarctus et autres atteintes cardiovasculaires sont des conséquences bien connues du stress prolongé[30].

---

29. Sondage Ifop, *Le stress au travail*, 2001.

Ce stress prolongé est souvent le symptôme de situations professionnelles générant des sentiments d'impuissance, la conviction qu'il n'y a rien à faire pour éviter la souffrance et l'échec, que toute anticipation est impossible et que cette souffrance quoique inévitable n'a aucun sens ! Cette passivité, cette impuissance, salariés et managers nous la décrivent, qui ne comprennent plus la logique des choix de l'entreprise, qui constatent de multiples dysfonctionnements sans savoir comment les supprimer, qui se voient reprocher leur incompétence et leur mauvaise volonté chaque fois qu'ils tentent d'expliquer que quelque chose n'est pas possible, qu'il aboutira à des pertes de temps, d'argent... sans pouvoir faire entendre raison. Le premier temps est souvent fait de tentatives quasi désespérées « pour y arriver quand même », qui se muent en retrait quand la personne sent qu'elle se met en danger : « Je n'en pouvais plus, j'allais crever, alors maintenant je m'en moque, je fais ce qu'on me dit même si c'est nul ! Je ne suis pas en charge de la maison, mais je pense que nous allons ensuite être licenciés et je prépare ma reconversion », explique ce cadre de marketing.

Alors pourquoi la France, pourtant championne de la consommation des médicaments psychotropes, est-elle tellement en retard sur le sujet ? Les raisons tiennent principalement à un sentiment d'impuissance face à ce phénomène comme si on ne pouvait que s'y résigner. Agir sur le stress suppose d'abord de le mesurer pour pouvoir suivre son évolution (certaines entreprises ont commencé à créer des observatoires du stress) et d'identifier les populations à risque. On peut ensuite faire

---

30. Brunstein I., *L'homme à l'échine pliée. Réflexions sur le stress professionnel*, Paris, Desclée de Brouwer, Paris, 1999.

travailler les managers sur le sujet et proposer des programmes d'aide à ceux qui en souffrent le plus.

Les séminaires de gestion du stress, ou de gestion du temps, la relaxation, le développement du coaching peuvent, par exemple, être utiles. Mais si ces solutions individuelles sont adaptées pour répondre à la fragilité d'individus qui sont mis en difficulté par leur situation professionnelle, elles ne peuvent faire oublier que, dans certaines entreprises, c'est le mode d'organisation et de management qui génère par ses exigences excessives et contradictoires une souffrance collective généralisée : il s'agit alors de voir les effets induits par ces choix organisationnels qui se révèlent en fait aussi destructeurs pour les individus que pour l'entreprise elle-même. En effet, la courbe d'efficacité augmente dans la première phase de mise sous stress mais elle régresse rapidement quand le stress est trop fort et/ou trop prolongé : temps perdu, activités mal pensées, erreurs, excès et manque de contrôle, perte de toute vision stratégique en sont les effets bien connus. L'irritabilité, la perte de l'écoute, la rigidification de tous, une démotivation partagée en sont d'autres manifestations regrettables, qui demandent un changement de l'organisation et des pratiques de management plus que des tentatives de remédiation individuelle.

DES MANAGERS SOUS PRESSION

Charge et décharges

À la question d'un délégué syndical : « Comment allez-vous mettre cette nouvelle politique en place ? », un président de groupe rétorque (dixit son DRH) : « Je viens de vous exposer la stratégie, l'encadrement opérationnel est en charge de sa mise en œuvre en l'adaptant au contexte du terrain. S'il y a des problèmes, le management terrain sera votre interlocuteur pour le régler »… Une semaine plus tard, une partie du management de terrain, les agents de maîtrise, était en grève. « Trop, c'est trop. On ne peut plus tout faire. On n'a même pas été consulté sur cette politique. »

Les managers de proximité semblent être de plus en plus exposés. Les entreprises les ont mis en première ligne. Les mouvements de décentralisation, les organisations matricielles, le management par projets ont fait que l'encadrement opérationnel est très sollicité : « Nous avons à gérer la dimension sociale, économique, technique d'encadrement dans des changements perpétuels que nous n'avons pas décidés, que nous ne comprenons pas toujours, avec lesquels nous ne sommes pas toujours d'accord ; ça fait beaucoup. » Pour certains, il y aurait même un sentiment « de faire le job du haut encadrement » : « Nous sommes en interface entre collaborateurs et dirigeants, c'est nous qui faisons la com sur des sujets que nous ne maîtrisons pas. » Les managers de proximité ont, de fait, de nombreuses contradictions à gérer.

L'encadrement direct ne dispose plus d'une autorité « coercitive », il doit être plus participatif, mais il conserve cependant la responsabilité juridique et les risques. Les conflits classiques entre services et unités ont été le plus souvent remplacés par des tensions au sein des équipes, en particulier des équipes projets. De plus, la charge de travail de ces managers est souvent lourde. Ils souhaitent aujourd'hui trouver le temps de construire une vraie vie privée.

L'évaluation par les collaborateurs

L'une des prérogatives des managers était l'évaluation de leurs collaborateurs. Cela leur donnait à la fois du pouvoir mais aussi une zone de sécurité. Eux-mêmes n'étaient évalués que par leur propre chef, il leur suffisait donc de « plaire » à une ou quelques personnes. L'introduction des nouveaux modes d'évaluation a modifié cette donne. Les évaluations à 360° officialisent dans les faits le droit pour tous de juger les managers. C'est la fin du privilège traditionnel du responsable par rapport à ses adjoints : évaluer leur travail, les juger et leur demander de changer et de développer de nouvelles compétences. Les managers sont là encore mis sous pression. Ils peuvent ressentir cela comme une menace ou comme un risque d'humiliation, car l'évaluation devient publique.

Le sentiment de perdre le contrôle

La complexité des systèmes et le poids des contraintes donnent parfois le sentiment aux managers d'avoir perdu toute marge de manœuvre. Ils se vivent comme des « marionnettes » d'un système sur lequel ils manquent cruellement de maîtrise. Ils se trouvent alors dans la négation même de leur propre rôle et ne gèrent plus qu'un système qui repose sur des apparences. Faute de pouvoir agir rationnellement et efficacement, dans une accélération permanente du changement, un contexte de crises incessantes, d'urgence au quotidien et une sorte de tourbillon, les luttes de pouvoir, les enjeux narcissiques, les stratégies personnelles prennent la première place. « On ne gère plus rien, on attend de savoir par la presse ce qui va nous arriver », dit ce manager dans un groupe qui se recompose !

Ancien acteur de contrôle, le manager est souvent dépassé par des acteurs devenus imprévisibles, comme ces salariés occasionnels qui lancent une forte action de revendication, sans appui syndical et sans lendemain. Ou comme les autres acteurs « émergents » qui, par la particularité de leurs compétences rares, deviennent des hommes clés indispensables et intouchables à la fois : l'expert information, celui de la salle des marchés.

Même les managers doivent se recycler

Autre inconfort pour les managers : le discours actuel sur l'indispensable réactualisation des compétences les épargne peu. Il leur enjoint de « se former tout au long de leur vie » à un moment où ils auraient pu penser qu'ils avaient démontré, par leur réussite même et leur niveau de poste, leurs compétences et leurs savoir-faire : il s'agit d'une remise en cause souvent difficile à vivre de leurs pratiques et de leurs démarches. La légitimité de l'encadrement s'appuie aujourd'hui moins sur leurs compétences techniques et plus sur leurs succès.

Les dispositifs formatifs et les investissement importants que réalisent les entreprises sont vécus par les salariés comme motivants, utiles à leur employabilité immédiate et à plus long terme. Dans la plupart des pays d'Europe, l'entreprise exerce un rôle de plus en plus important, et souhaité par tous les acteurs (gouvernants, syndicats, salariés), d'opérateur de formation continue « tout au long de la vie ».

© Usine Nouvelle

LES CARTES ONT ÉTÉ REDISTRIBUÉES

Quelle légende pourrions-nous mettre sous cette photo de la relation au travail ?

« Les cartes ont été redistribuées, le jeu a été rebattu. »

L'entreprise est censée procurer un salaire, une protection sociale, un lien social, un accomplissement personnel, elle génère également de l'insécurité, de la complexité, de la décollectivisation, de la souffrance, de la pression, une perte bien réelle de « l'identité sociale » qu'elle offrait traditionnellement... En contrepartie, elle exige de l'adaptabilité, de la mobilité, de la performance, de l'implication, du contrôle, de la coordination, de l'anticipation.

Cet échange est parfois perçu par les salariés comme inéquitable : les repères ont été changés. L'entreprise est, elle aussi, surprise des nouvelles attentes, des nouveaux comportements des salariés : plus exigeants, plus contestataires, refusant l'autorité hiérarchique classique et pourtant disposés à s'investir dans le travail... mais sous conditions (la première étant le non-sacrifice de la vie privée) et convaincus de l'importance sociale, identitaire du travail. Point d'amour fusionnel, mais point de haine tenace. Juste des points de divergence qui parfois pourraient devenir des points de dissension !

La relation de travail ne rime pas, selon nous, nécessairement, avec des attributs négatifs – précarité, impunité, souffrances...

Elle se construit autant qu'elle est construite. Nous sommes tous responsables, les dirigeants plus que d'autres, de cet état. La relation de travail mérite un investissement, une optimisation, de part et d'autre, et non pas un investissement ponctuel mais sur la durée. En effet, nous avons constaté que le travail demeure une valeur forte et une source majeure d'identité et d'identification.

L'enjeu est donc important, d'autant plus que le rapport de forces entre l'entreprise et les salariés est susceptible de s'inverser. Attachons-nous à l'emploi : en 2000, les entreprises surenchérissaient pour recruter des salariés. En 2003, c'est plutôt l'inverse ! Et des prévisionnistes annoncent des retournements de tendance d'ici 2010. Le recrutement des profils pointus et autres haut potentiels s'est mondialisé. Le chômage régresse peu ou pas dans les « anciennes » économies développées. Les effectifs des grands groupes européens sont désormais majoritairement hors de leur berceau national. Par ailleurs, les salariés ont acquis la capacité d'exercer un pouvoir réel de blocage par des stratégies de retrait, de nouveaux rapports à l'autorité, de nouveaux outils juridiques pour limiter le tout-pouvoir de l'entreprise, un niveau de compétence personnelle et professionnelle supérieur à leurs ainés.

Face à ces « hiatus » possibles, les acteurs doivent trouver des réponses nouvelles et satisfaisantes à la question : « Pourquoi j'irais travailler ? »

EN RÉSUMÉ...

Aujourd'hui quelques grandes tendances caractérisant l'évolution des attentes des salariés et du contexte de la relation au travail dans l'entreprise se dégagent :
- Les salariés attendent du travail tout d'abord une rémunération. Par méfiance ou par besoin de sécurité, une rémunération cash et tout de suite.
- Les salariés deviennent plus exigeants : ils souhaitent que leurs spécificités individuelles soient prises en compte dans un temps plus court, que leur gestion soit plus sur mesure. En cas d'insatisfaction majeure, le délai de « retrait », de démotivation est désormais très court. Le dévouement total

des salariés à l'entreprise est remplacé par une logique d'échanges : prestation de travail contre satisfaction des attentes personnelles. La relation de travail repose sur une réciprocité avec, au moins du côté des salariés, moins d'affectif. Le souci de soi, la dimension psychologique de la relation au travail prennent une importance considérable. Les solidarités de groupe sont toujours appréciées mais sont instrumentalisées souvent au profit de l'épanouissement personnel.

- Le travail reste une valeur pour de nombreux salariés, l'entreprise étant toujours un lieu de socialisation et d'identité. Mais il n'est plus une valeur centrale. La majorité des salariés recherche un équilibre entre vie privée et vie professionnelle. La réussite sociale ne passe plus seulement par la réussite professionnelle. Il faut réussir les deux !
- La remise en question des repères traditionnels a entraîné une contestation de l'autorité liée au statut. Les aspirations égalitaires sont plus présentes, les formes de commandement sont à réadapter sans cesse aux salariés.
- Par leur travail, les salariés veulent acquérir des compétences nouvelles et s'assurer ainsi des garanties par une employabilité long terme tant ils savent que l'emploi à vie dans la même entreprise n'existe guère plus. Le travail est aussi censé leur permettre de créer, de réaliser leurs envies d'imagination et de découverte. Le travail contient ainsi une dimension de réalisation de soi.

Parallèlement, l'entreprise a, elle aussi, évolué :
- L'entreprise actuelle est une entreprise sous influence et ouverte au monde extérieur.
- Le profit n'est plus le seul « objectif » exclusif, d'autres indicateurs comme ceux liés à l'acceptabilité sociétale de l'entreprise, sont aussi à prendre en compte par l'entreprise, sans pour autant oublier les actionnaires et les intermédiaires financiers. Finalement, tout le monde a son mot à dire sur ce que fait l'entreprise. On est passé de la seule logique du « shareholder » au « stakeholder » et cela complexifie les conditions de travail.
- Les entreprises semblent soumises à « toujours plus » de concurrence, de performance dans un environnement qui s'est complexifié (mondialisation, multiplicité des acteurs et des terrains d'activité, multiplication des textes législatifs, évolutions constantes, imprévisibilité...). Et avec toujours plus d'urgence... Dans ce contexte, la relation au travail est une relation incertaine, très exigeante, parfois violente et mêlée de souffrance mais aussi, pour certains, offrant de réelles opportunités d'action.

- L'emploi à vie dans la même entreprise est aujourd'hui en voie de disparition. L'entreprise est en évolution constante, rapide, sous la contrainte du temps. La relation au travail aussi. L'entreprise ne peut plus aujourd'hui assurer la pérennité ; « l'entreprise est devenue mortelle... ». Le contrat de travail est bien plus que jamais limité dans le temps à une échéance indéterminée.
- Les nouvelles technologies et les modes de travail qui leur sont attachés impliquent parfois que la marge de manœuvre des salariés puisse être réduite, en raison d'un contrôle précis par le biais des reporting informatisés. L'individu au travail se trouve alors pris dans un nouveau paradoxe : être plus autonome tout en étant plus contrôlé. Les nouvelles technologies ont entraîné la diffusion d'un plus grand nombre d'informations vers un plus grand nombre de personnes, relativisant ainsi le pouvoir auparavant détenu par ceux qui avaient l'information, c'est-à-dire le management intermédiaire.
- L'entreprise, par le biais des nombreux changements qui l'impactent – fusions, restructurations, augmentation de la sous-traitance... – a une forme qui est de plus en plus conjoncturelle, imprécise, mouvante : ce qui induit une part de confusion sur « qui travaille pour qui » et, par là même, modifie le sentiment d'appartenance des salariés. Les fusions, restructurations laissent souvent aux salariés l'impression de ne plus être acteurs de leur destin professionnel.
- La surexposition émotionnelle est devenue omniprésente dans la vie professionnelle. Les relations en face-à-face se sont développées. Qu'il s'agisse de vivre dans des structures matricielles complexes, de satisfaire le client ou de vivre les changements, c'est à cette dimension que l'entreprise fait d'abord appel. En miroir, les collaborateurs ont une relation émotionnelle à leur vie professionnelle qui est, de ce fait, plus stressante.
- Les managers de proximité sont, beaucoup plus qu'avant, soumis à des pressions déstabilisantes. Ils doivent défendre, expliquer, auprès de leurs collaborateurs, des projets qu'ils n'ont souvent pas décidé et qu'ils ne comprennent parfois même pas. Ces mêmes collaborateurs, notamment par le biais du 360 °, vont les évaluer et s'engager ou pas dans ces projets... Les managers ont parfois le sentiment de manquer de marge de manœuvre, voire de perdre pied : « On est sans ressources, sans réel pouvoir de décision, et on doit faire tampon, c'est usant ! »

© Usine Nouvelle

La relation au travail, aujourd'hui : photo !

Ce que les salariés attendent :

Des contreparties financières à court terme.

Une identité, une fierté sociale
grâce à son métier, à l'entreprise,
pouvoir réaliser ses aspirations individuelles
au sein de l'entreprise

Un équilibre entre vie personnelle et vie professionnelle.
Des projets professionnels stimulants.

Une carrière rapide mais qui laisse place
à une vie personnelle ou l'acceptation
du fait de ne pas faire carrière.

L'acquisition de compétences techniques de métier
ou liées au développement personnel.

Moins d'autorité et toujours autant d'implication.
Des relations hiérarchiques équilibrées

Une entreprise stable.

Un état protecteur, médiateur,
des refuges de sécurité.

VERRES
CARTONS
EMPLOYÉS

GABS.

Ce qui les attend :

Un État moins régulateur, un rôle accru des autres stakeholders (la cité, les actionnaires, les médias, les ONG…).

Toujours plus de concurrence, de performance, mondialisation, de complexité juridique, de flexibilité, changements, de rapidité dans l'entreprise… Toujours plus de stress, d'éphémère, d'incertitude chez les salariés mais aussi d'opportunités, d'expériences, de découverte, de projets.

Des compétences plus rapidement remises en question, moins de sécurité de l'emploi, des carrières éclair…

Les nouvelles technologies entraînant un renforcement des contrôles, la diffusion de l'information, mais également une vision plus globale et en temps réel.

Des organisations en mouvement, de la précarité, la perte du sentiment d'appartenance, des réseaux plus complexes.

Une sursollicitation des émotions, la gestion des émotions comme compétence professionnelle.

Une surexposition des managers opérationnels.

Des moyens d'actions accrus et plus pesant.

Des opportunités plus nombreuses à travers le management par projet.

Des réseaux professionnels élargis.

Des chances accrues de réalisation personnelle au travail.

117

Troisième partie

ET DEMAIN ?
QUELQUES PISTES...

CONSTRUIRE UNE NOUVELLE RELATION AU TRAVAIL

Dans le contexte que nous venons de décrire, source étonnante de situations où se mêlent plaisirs et contraintes professionnels, deux points importants méritent d'être soulignés avant d'aller plus loin :

- *Une relation se construit à deux.* En cela, nos pistes de proposition concernent autant les salariés que leurs managers et, plus largement, leurs employeurs. Il nous paraît essentiel que ces différents acteurs soient également actifs dans une élaboration commune, menée à partir de leur réflexion propre. Plus qu'une élaboration, il s'agit d'une collaboration, et la recherche en management a depuis longtemps montré que la collaboration est l'un des processus les plus exigeants : elle requiert à la fois une volonté forte de coopération avec l'Autre et une forte détermination[1] sur la question en débat.

- *Ces pistes, nous les avons voulues les plus ouvertes possibles.* Elles n'ont pas vocation à être exhaustives et encore moins à fournir un vade-mecum à suivre à la lettre. Il s'agit de pistes que chacun pourra creuser en fonction de sa position (manager, collaborateur, dirigeant, collègue, chercheur...) et de son propre contexte d'action. Il ne s'agit en aucun cas de recettes ou de solutions. Il s'agit d'idées, d'interrogations qui nous semblent devoir être examinées ou explorées. À la suite des auditions de dizaines d'experts et de plusieurs centaines de salariés,

---

1. Cf. en particulier les travaux de Thomas et Kilmann sur les modes de résolution des conflits ; Thomas K. W. & Kilmann R. H., *Conflict Mode Instrument*, Palo Alto, CA Consulting Psychologists Press, 1991.

« construire la relation au travail » est devenu le seul critère qui nous a guidés pour la rédaction de cette troisième partie.

« Pourquoi j'irais travailler » rime en effet, pour la majorité de ceux que nous avons interviewés, avec « Comment, dans quelles conditions, je vais travailler ? ».

En effet, le but du travail ne serait pas seulement d'assurer une indépendance matérielle : au contraire, nos interlocuteurs soulignent que le travail a pour eux une valeur humaine, d'identité, de réalisation, de socialisation, et qu'à ce titre sa nature et ses conditions d'exercice sont capitales. On retrouve en cela les conceptions sur le travail développées au XVIIIe siècle[2].

Nos pistes se regrouperont en trois thèmes :

• Première piste : *développer les comportements de résilience.*

• Deuxième piste : *rénover la relation de travail : pratiquer le pacte de management.*

• Troisième piste : *se donner de nouveaux points de repère pour l'organisation.*

---

2. Kant, *Réflexions sur l'éducation*, 1776.

CHAPITRE VI – APPRENDRE À REBONDIR : STIMULER LES COMPORTEMENTS DE RÉSILIENCE

Comme nous l'avons vu dans la première partie, les entreprises sont à la recherche d'une flexibilité croissante, au point où, pour y parvenir, le concept d'« organisation agile » a même été développé. Il s'agit de s'adapter en permanence pour satisfaire les exigences des différentes parties prenantes (clients, actionnaires, salariés, fournisseurs, concurrents…).

D'accord ou non avec cette évolution, le salarié doit désormais faire preuve d'adaptabilité. Nous ne faisons nullement les chantres d'une ultra flexibilité ou précarité. Notre seul souci vise à aider les salariés, quelle que soit leur place dans l'entreprise à faire face à cette évolution personnellement et professionnellement. Pour s'adapter, les salariés doivent « rebondir », c'est-à-dire être suffisamment « résilients » pour anticiper les changements nécessaires et satisfaire à la fois les exigences de la relation de travail et leurs propres attentes professionnelles et personnelles.

La résilience ne concerne pas seulement cette capacité de l'individu à encaisser des chocs de carrière professionnelle mais surtout sa capacité à anticiper la survenue de ces chocs et à s'engager dans une voie qui soit satisfaisante pour lui.

La résilience n'est pas que l'affaire de l'individu : c'est aussi celle de l'entreprise, qui peut favoriser et soutenir les comportements résilients de ses collaborateurs, à travers les politiques et les pratiques de gestion des ressources humaines.

À nouveau, que notre lecteur ne se méprenne pas ! L'invitation que nous formulons à développer des comportements résilients n'est en aucun cas un plaidoyer en faveur de l'hyperflexibilité, les comportements déstabilisateurs. Nous prônons, au contraire, la prise de conscience de ces risques. Il s'agit de dessiller, d'ouvrir les yeux des acteurs sur le nouveau contexte de travail et de leur permettre de trouver et négocier un cadre satisfaisant pour leurs relations de travail. Le concept de résilience peut y contribuer.

Nous proposons plus loin un test d'autoévaluation de la résilience ainsi qu'une série de mesures concrètes favorisant les comportements résilients.

L'ÉMERGENCE D'UN CONCEPT PRATIQUE : LA RÉSILIENCE

De quoi parle-t-on ? Comme l'a montré la deuxième partie du livre, les relations de travail ont changé : les interlocuteurs sont plus nombreux, plus exigeants, éloignés géographiquement..., les entreprises, marquées par les mutations permanentes et des crises répétées qu'elles imposent aux salariés, quels que soient leur activité et leur statut hiérarchique.

Le monde du temporaire, de l'éphémère et du virtuel semble avoir succédé à celui du repère, de la stabilité et de la construction tangible. La vie professionnelle semble être faite de sauts en avant peu prévisibles où l'individu n'a pas toujours le choix. Et pourtant, il s'agit de rebondir...

Le terme de résilience pourra surprendre à la première lecture. Il n'est pas encore véritablement diffusé, en France, dans le vocabulaire du management, même si nous sommes convaincus qu'il va se diffuser dans la décennie qui vient. Le dictionnaire renseignera difficilement en mentionnant ce terme dans le domaine de la métallurgie : « Rapport de l'énergie cinétique absorbée nécessaire pour provoquer la rupture de métal, à la surface de la section brisée. » Ainsi est résilient ce « qui présente une résistance aux chocs » !

Issu du latin *resiliere* (« rebondir »), le concept de résilience concerne et mesure la capacité d'un individu à anticiper et à rebondir face aux crises, aux changements rapides et répétés de carrière. Le concept de résilience devient central dans la façon d'aborder les nouveaux parcours professionnels.

La dimension psychologique de la résilience

Dans une autre discipline, la psychologie, ce terme a été utilisé récemment par Boris Cyrulnik dans son ouvrage *Un merveilleux malheur*[3]. Cet auteur est sans doute celui qui a contribué, en France, à diffuser ce concept. Il l'applique aux enfants qui ont subi dans leurs jeunes années des chocs, des traumatismes, considérés généralement comme terribles et susceptibles de détruire la capacité à se constituer comme adulte « normal » et qui pourtant le deviennent... Cette résilience donne un sentiment de triomphe qui ne peut exister qu'après que l'enfant a réussi à vivre. Mais, à l'instant même de l'agression, il y avait déjà un sentiment mêlé de souffrance et d'espoir. Au moment de la blessure, l'enfant abattu rêvait : « Un jour... »

« ... Ces enfants qui ont su triompher d'épreuves immenses et se faire une vie d'homme, malgré tout[4] », ces enfants résilients ont dû répondre à deux questions : « Pourquoi dois-je tant souffrir ? » et « Comment vais-je faire pour être heureux quand

---

3. Cyrulnik B., *Un merveilleux malheur*, Paris, Odile Jacob, 1996. Voir également, *Le murmure des fantômes*, Paris, Odile Jacob, 2003.
4. *Ibidem*, p. 9.

même ? »... « Rêver et rencontrer une main tendue ! » Cyrulnik rappelle que, si l'expérience de perdre ses parents est très courante, les perdre à 6 mois, 6 ans ou 60 ans n'a pas le même impact traumatique selon que la personnalité a, plus ou moins, pu se construire. En psychologie, le concept de résilience se place bien dans l'analyse de la relation qui peut exister entre un individu donné avec ses caractéristiques personnelles et les événements qu'il rencontre. Pour Cyrulnik, il est possible de repérer cinq facteurs de protection que les enfants développent :

- le clivage entre une partie socialement acceptable et une autre plus secrète, cachée, protégée, et qui peut ainsi rester vivante et conserver la vie ;

- le déni de l'atteinte et sa banalisation, quelle que soit la violence rencontrée ;

- la rêverie, qui permet d'imaginer des refuges merveilleux, des histoires qui se déroulent d'une tout autre manière ;

- l'intellectualisation, visant à trouver les lois générales qui nous permettent de maîtriser ou d'éviter l'adversaire ;

- l'humour, qui transforme une pesante tragédie en légère euphorie, qui tourne en dérision la violence.

De plus, il semble que trois capacités sont développées par les enfants résilients :

- *la capacité à conserver l'espoir d'un futur meilleur* : « Quand je serai grand, je serai heureux, je serai un prince... »

Ceci avait déjà été mis en évidence par Bettelheim comme élément-clé d'une autre résilience, celle des prisonniers des camps de concentration revenus vivants. L'espoir caractérise les personnes résilientes. Il s'agit de cet espoir qu'un jour, même contre toute raison, ce qui est attendu, ce qui est rêvé adviendra.

- *la capacité à donner un sens à ce qui est vécu* et qui apparaît certainement à d'autres comme insupportable

Ce défi à la raison constitue un autre élément différenciateur des individus résilients. Contrairement à ce que l'on observe dans les cas de harcèlement moral, les « résilients » savent continuer à donner un sens à ce qu'ils vivent. Bettelheim[5] avait lui aussi montré qu'une croyance dans un ordre supérieur transcendant le non-sens quotidien était l'un des éléments qui avaient permis aux croyants plus qu'à d'autres de supporter leur sort. Aux États-Unis, le courant de la pensée positive s'appuie fortement sur cette capacité : *achievers are believers* (ceux qui réussissent sont ceux qui croient) !

- *la capacité à saisir la main tendue et l'opportunité cachée*

Les enfants résilients ont rencontré et ont su reconnaître sur leur chemin la main tendue. Ne serait-ce qu'une seule fois, ils ont su voir l'amour offert ou le regard qui les reconnaît et s'intéresse à eux ! Plus prosaïquement, ils savent reconnaître la chance qui leur sourit et, pour reprendre le mot d'Auguste Comte[6], « le hasard ne favorise que les esprits préparés » !

---

5. Bruno Bettelheim, *Psychanalyse des contes de fées*, Paris, Pocket, réédition 1999.
6. Auguste Comte, *Discours sur l'esprit positif*, 1844.

Introduire le concept de résilience dans les politiques de management

Est-il possible de parler, dans le management actuel, de situations traumatiques, d'épreuves terribles impliquant une résilience particulière ? Certaines caractéristiques du management moderne décrites dans la partie précédente peuvent le faire penser : changements toujours plus rapides d'organisation, méthodes de travail contraignantes, partenaires exigeants et versatiles, décisions traumatisantes, incohérences des demandes des dirigeants, nombre croissant d'interlocuteurs dans les structures matricielles... D'aucuns ont goûté de la souffrance au travail[7].

Le concept de résilience apparaît en management à la suite des nombreuses opérations de restructuration d'entreprise (*downsizing*) qui ont mis en évidence les effets du syndrome des salariés survivants (ceux qui ne sont pas obligés de partir). Ainsi que le soulignent les spécialistes, dès 1996[8], les réactions des salariés survivants incluent des émotions fortes, comme la colère contre leurs managers et les responsables des ressources humaines, le sentiment d'injustice, la dépression, la diminution de la prise de risques, la démotivation globale...

La résilience des salariés est alors caractérisée à trois capacités :

• la capacité à rebondir en situation d'adversité. Il relève les défis professionnels qui lui sont confiés tout en recherchant des bénéfices personnels pour sa trajectoire professionnelle future ;

---

7. Cf. Christophe Dejours, *op. cit.*
8. Doherty N., Bank J. & Winicombe S., « Managing survivors : the experience of survivors in BT and the financial sector », *Journal of managerial Psychology*, vol. 60, n° 11, 1996, p. 26-31.

- la capacité à s'habituer aux variations fréquentes de l'environnement et à les gérer en souplesse. En d'autres termes, le salarié développe et acquiert une « immunité » par rapport aux risques et aux menaces de l'emploi ;

- la capacité à accroître la vitesse avec laquelle l'individu peut surmonter, de manière répétée, les défis qui se présentent à lui.

Le concept de résilience annonce qu'une véritable rupture se profile dans le modèle des relations de travail : l'individu a la responsabilité de l'organisation de sa carrière ; il devient l'entrepreneur de sa vie professionnelle et l'acteur de soi. Si de nombreux dirigeants ont toujours tenu des propos sur le salarié comme le premier acteur de sa carrière, la maîtrise du processus était, jusqu'à ces dernières années, sans ambiguïté, conservée entre les mains des responsables de carrière ou du management.

ANCIENNES POSTURES DANS LE MODÈLE CLASSIQUE DE LA CARRIÈRE	POSTURES NOUVELLES DANS LE MODÈLE DE LA RÉSILIENCE
Ce qui était important :	**Ce qui devient important :**
Position dans la structure	Contribution au fonctionnement de la structure
Statut	Expertise
Rang ,échelon	Compétence
Ancienneté	Développement des savoir-faire
Sécurité de l'emploi	Employabilité et anticipation des parcours professionnels futurs
Travail stable	Travail signifiant
Promotions fréquentes	Développement des opportunités
Rôles bien définis	Autonomie et responsabilisation
Protection par le système	Organisation de son autoprotection

Adapté par les auteurs à partir de Kusum Sadhev, Susan Vinnicombe et John Bank, 2001[9]

Comme le montre le tableau ci-dessus, le salarié résilient est tout sauf résigné ! Un document interne proposé par British Telecom évoque sur sept items particulièrement éclairants :

> *« Nous sommes des agents libres disposant d'un porte-feuille d'atouts intellectuels qu'il nous revient de gérer. »*

> *« Le travail constitue une transaction de marché entre l'employeur et le salarié. »*

> *« Le développement personnel et l'apprentissage sont bien plus générateurs de valeur que les promotions. »*

---

9. Kusum Sadhev, Susan Vinnicombe et John Bank, *Creating a Resilient Workforce*, Cranfield University & Financial Times, 2001.

« *La loyauté pour soi (se respecter) est plus importante que la loyauté envers l'entreprise.* »

« *Les compétences et les référentiels de savoir-faire déterminent le succès dans la carrière.* »

« *Les meilleurs talents récoltent les meilleurs projets.* »

« *Les individus doivent se percevoir comme professions libérales sur le marché du travail de l'entreprise.* »

DÉVELOPPER LA RÉSILIENCE INDIVIDUELLE EN ENTREPRISE

Quels savoir-faire et quelles compétences les individus salariés peuvent-ils acquérir et développer afin d'atteindre le niveau de résilience indispensable pour résister à ces environnements, de plus en plus aléatoires, tendus, anxiogènes voire traumatogènes ? Pour rappel, nous ne prônons nullement le développement de l'aléatoire ou du précaire. Nous voulons au plus trouver des pistes satisfaisantes qui permettent à l'individu de faire face à cette situation qui semble s'imposer à presque tous.

Il est clair que ces compétences de résilience ne sont pas acquises une fois pour toutes. Le développement dans ce registre doit évidemment s'étaler dans le temps et être l'objet de réentraînement régulier.

Plusieurs types de référentiels psychologiques peuvent être utilisés, par exemple le référentiel cognitivo-comportemental. Il postule que les comportements sont régis par des émotions qui sont déclenchées par des événements (externes ou internes au sujet) mais également nourris des représentations (schémas cognitifs) accumulées par le sujet au cours de son histoire. C'est en intervenant sur ce triangle (représentation, émotion, comportement) que l'on peut, par exemple, permettre aux individus de changer et de progresser, s'ils le souhaitent, sur le chemin de la résilience professionnelle.

Ce type de formation ne saurait se limiter aux managers. Il faut les diffuser sous des formes variées et appropriées à tous les collaborateurs, qui sont de plus en plus sollicités sur ce plan. Tous sont concernés.

LES 6 COMPÉTENCES-CLÉS
POUR « ÊTRE RÉSILIENT » EN ENTREPRISE

1. Savoir rêver le futur

La capacité à rêver le futur est l'une des sources fondamentales de stabilité et de sécurité dans un monde où le temporaire, la durée déterminée, le précaire sont au centre des modes de fonctionnement. La seule promesse, ou presque, de l'entreprise est qu'il ne peut y avoir de sécurité garantie ! Il n'existe plus vraiment de définition du futur assuré par une communauté de travail. Et il revient à chacun de développer la capacité à choisir et se choisir un avenir, à le construire, à partir des choix présents, dans une capacité à comprendre, à reconnaître, à accepter et à porter la spécificité du projet de vie personnel et professionnel qu'il porte et qui le porte ! « On ne sait pas où sera la boîte demain, mais moi je sais où je serai. »

2. Donner du sens à ce qui est vécu

Pour rebondir, il faut avoir la capacité de donner sens à ce qui est vécu (même à l'insupportable). L'inscrire dans son histoire personnelle.

Il s'agit alors de donner une explication intime de ce qui vient d'arriver, de nous arriver. Donner un sens dans son histoire personnelle à l'événement traumatique qui vient de nous toucher construit la résilience. Ceci permet de prendre et/ou garder un recul suffisant et une distance nécessaire pour assurer la sauvegarde de son intégrité personnelle et pouvoir, ensuite, rebondir ailleurs, autrement !

Mais encore faut-il, en condition préalable, pouvoir prendre du temps pour s'interroger sur ce qui a été vécu, alors que l'on a tout juste le temps de déléguer ou sous-traiter une partie des urgences.

3. Savoir organiser son entourage et son soutien social

Le management moderne implique de s'engager personnellement dans des relations temporaires et chargées affectivement ; elles peuvent être violentes et émotionnellement lourdes.

Cette sursollicitation émotionnelle et ce surinvestissement personnel sont risqués. La vie relationnelle du salarié se trouve alors, souvent pour des raisons de temps réduit (surtout dans les grandes villes), limitée à la sphère professionnelle. « Mettre tous les œufs émotionnels dans le même panier est dangereux. » Ainsi est-il nécessaire, pour faire face aux chocs des changements répétés et rapides, de développer, à l'extérieur de l'entreprise, des réseaux relationnels forts qui constitueront une base, un soutien pour rebondir en cas de rupture. Mais ces réseaux prennent aussi du temps à construire et à maintenir sur la durée.

L'entreprise peut, d'ailleurs, tirer profit de l'ouverture de ses salariés, sur le plan de l'innovation par exemple, en s'appuyant sur les réseaux que les salariés auront développés à l'extérieur de ses murs. La réactivité d'une entreprise passe par sa capacité à maîtriser et à anticiper ce qui se passe dans l'environnement externe.

La question des réseaux sociaux et affectifs devient alors fondamentale. La nouvelle organisation du travail implique pour chacun de développer deux mécanismes :

• Le premier autorisant à s'engager rapidement puis à se dégager des liens contractés pour en recréer d'autres ailleurs, avec d'autres personnes, sans souffrir quand se produisent ces séparations : apprendre du groupe et apprendre à faire rapidement, et sans douleur, le deuil des liens affectifs.

• Le second permettant de construire un réseau solide, interne et externe à l'entreprise, multipliant ainsi les possibilités en cas de rupture. Tout comme l'entreprise gère des salariés permanents et d'autres à durée déterminée, le salarié développe des réseaux professionnels permanents et à durée déterminée !

Ainsi, le soutien social et l'entourage immédiat (famille, amis proches et collègues sûrs) vont permettre de développer des savoir-faire indispensables pour agir et réagir dans le management contemporain. Ses expériences discutées avec d'autres créent une capacité à s'armer, matériellement et psychologiquement. L'entourage social aide à se représenter une réalité que l'on rencontrera sans doute à un moment donné et dont les intimes pourront parler plus que d'autres, avec franchise et sans fausseté.

4. Trouver un équilibre personnel et professionnel

Comme nous l'avons constaté dans la deuxième partie, l'équilibre vie professionnelle-vie personnelle est fortement souhaité par les salariés[10]. Il nous semble, au regard de la résilience, nécessaire. La recherche constante de cet équilibre implique de connaître ses attentes réelles dans les sphères professionnelle et personnelle, et de faire des choix. Nos expériences de coach ou de conseil nous ont convaincus que cela n'est pas un exercice spontané et qu'il nécessite à la fois volonté et apprentissage.

5. Organiser les rebonds professionnels

Quelques pistes sont fréquemment évoquées :

- réfléchir aux inflexions de carrière possibles : ce qui est ou non acceptable pour soi et les siens ;

- varier les missions et les projets de manière à accroître ses compétences et son employabilité ;

- informer sa hiérarchie ou son responsable de carrière de ses projets professionnels dans l'entreprise ;

- prêter attention aux opportunités disponibles internes et externes (discussions, intranet…) ;

- prendre en charge son propre développement personnel et en particulier sa formation ;

- rechercher du feed-back sur sa propre performance et solliciter les avis de ceux qui nous connaissent ;

---

10. K. Sandholz, B. Derr, K. Buckner et D. Carlson, *Beyond Juggling. Rebalancing Your Busy Life*, Berrett Koehler, New York, 2002.

• connaître ses limites d'adaptation face à des demandes d'engagement démesurées de la part de l'entreprise ;

• développer des réseaux professionnels et personnels, sources d'information et de soutien mobilisables.

6. Gérer ses émotions et développer les compétences émotionnelles

Il est de plus en plus demandé aux collaborateurs de faire appel à leurs capacités émotionnelles pour remplir leur mission : pour gérer le stress et le changement mais aussi dans la plupart des tâches de la vie quotidienne, et notamment dans les activités de services.

La caractéristique des services est, en effet, d'être en contact permanent avec les clients internes et externes, exerçant des pressions quotidiennes. Ces derniers ont comme caractéristique d'être de plus en plus exigeants et de l'exprimer. À qui ? Aux collaborateurs à qui l'on impose de puiser dans leurs ressources émotionnelles pour faire face à des tensions relationnelles fortes. Elles le sont d'ailleurs d'autant plus que, par définition, « le client a raison » et que le collaborateur n'a pas toujours les moyens de lui donner satisfaction. Un exemple caractéristique de cette sollicitation émotionnelle se trouve dans les centres d'appel. Le client téléphone et se trouve en contact avec quelqu'un qui ne peut pas toujours résoudre son motif d'insatisfaction : ceci est fortement consommateur de ressources émotionnelles.

Cette sursollicitation émotionnelle, affective, à tous les niveaux de la hiérarchie, engendre du stress. Sur un plan personnel, la question du stress est celle du coût. Le coût d'adaptation. Il peut prendre des formes variées pour les uns et les autres. Certains perdent leurs capacités relationnelles et deviennent agressifs, d'autres somatisent la tension sous forme de douleurs, d'autres encore le vivent sur un mode anxieux avec son cortège de préoccupations et d'insomnies. La liste des effets produits par le stress et les demandes de changement n'est pas close. Il s'agit donc de savoir comment faire, de manière à ce que ce coût d'adaptation ne soit pas trop excessif.

La sursollicitation émotionnelle, affective, comportementale et relationnelle des collaborateurs de l'entreprise suppose donc que chacun ait les moyens d'y répondre ou apprenne à le faire. La mise en place de programmes de développement collectifs ou individualisés peut y contribuer, notamment par la transmission des compétences suivantes :

- l'identification de ses propres émotions, de ses représentations et leur modification ;

- la gestion des pressions relationnelles ;

- la capacité à doser l'implication affective dans le travail ;

- l'accompagnement du changement stratégique et du changement comportemental de son entourage.

GÉRER LA RÉSILIENCE ORGANISATIONNELLE

C'est la question du changement qui fait que l'entreprise est amenée à se pencher sur la nécessité de promouvoir la résilience. Les parties prenantes, de plus en plus exigeantes (actionnaires, analystes financiers…), n'attribuent du crédit et de la confiance que si l'entreprise envoie des signaux de changements significatifs en cours ou à venir. Or, le changement organisationnel n'existe par pour l'alchimie des microchangements des groupes et des personnes. Ainsi, la résilience développée par l'entreprise (*organizanional resilience*) renforce celle de l'individu (*employee resilience*).

C'est pourquoi, pour l'entreprise qui souhaite favoriser les comportements résilients de ses collaborateurs, les spécialistes parlent volontiers d'entreprise résiliente.

Se dégage une liste de grands principes managériaux que nous ont confiés les experts et les praticiens, parfois des managers et des salariés que nous avons rencontrés.

LES 7 ACTIONS MANAGÉRIALES POUR DÉVELOPPER LA RÉSILIENCE ORGANISATIONNELLE

Ainsi, dans la pratique, la résilience organisationnelle peut être stimulée de nombreuses façons, soit par l'encadrement direct, soit par les spécialistes de RH ou par des coachs externes.

1. La confiance. La *confiance* est, dans la plupart des travaux scientifiques, présentée comme condition sine qua non de la résilience organisationnelle. Cette confiance est nécessaire comme « garde-fou », car la variété des tâches attendues du salarié est croissante tout comme la variation de celles-ci dans le temps. Il est de moins en moins possible de raisonner avec des descriptions précises des postes ou avec des missions aux contours stables, comme c'était le cas au début des méthodes d'évaluation des emplois.

2. L'engagement du management direct. Dans une dynamique de résilience, le rôle du management de proximité est important. Il devrait contribuer à :

• *Laisser s'établir des relations fréquentes avec les* collaborateurs en fournissant les explications nécessaires. Ces relations privilégiées conduisent naturellement à une connaissance intime des ancres[11] de carrière et des projets des collaborateurs. Il peut s'agir de mentors ou de correspondants rh à l'écoute des interrogations des salariés. Un nombre croissant d'entreprises ne systématise plus l'entretien de carrière entre l'individu et le service RH et laisse ouvert cet « espace d'exploration des projets de chacun ».

• *Composer les équipes avec des collaborateurs ayant des niveaux différents de résilience,* de manière à ce qu'un effet d'entraînement se crée autour des comportements des collaborateurs les plus résilients. Un dirigeant nous confiait comment cette technique avait pu dépasser en efficacité le traditionnel entretien d'appréciation. D'après lui, le soutien de proche en proche au sein de l'équipe avait permis à son équipe commerciale « d'infuser la résilience » dans l'ensemble du groupe commercial.

• *Sensibiliser les collaborateurs à l'éphémère et dédramatiser les situations de changement.* Cela implique de développer la culture du changement.... Certaines entreprises ont déjà avancé sur ce terrain et ont été surprises de l'adhésion des partenaires sociaux à ce projet.

---

11. Selon l'expression de E. Schein, c'est-à-dire les ressorts profonds de l'activité et de l'ardeur professionnelle. E. Schein, *Career Anchors. Discovering Your Real Values*, New York, Jossey Bass-Pfeiffer, 1990.

• *Évaluer les managers sur leur capacité à développer la résilience de leurs collaborateurs.* Il s'agit de compléter les indicateurs traditionnels (quantitatifs et qualitatifs) liés à la tenue du poste pour intégrer des indicateurs de résilience. Les indicateurs de résilience peuvent être divers : accepter une nouvelle définition de poste proposée par le collaborateur, suggérer une formation au développement personnel, anticiper avec le collaborateur la fin d'une mission (source d'inquiétude pour le subordonné), stimuler la performance et l'accompagnement d'un salarié partant à la retraite dans l'année...

3. Développer la maturité émotionnelle des collaborateurs. Cette approche, parmi d'autres, permet de prendre plus de distance par rapport aux enjeux immédiats, de banaliser et de dédramatiser certaines crises. Dans les travaux fondateurs de Daniel Goleman[12], l'intelligence émotionnelle permet de trouver des issues aux situations et aux conflits que les approches rationnelles ignorent. En ce sens, la mobilisation de l'intelligence émotionnelle contribue à la résilience individuelle.

• *Procéder à des affectations de collaborateurs, demandeurs de développement en termes de résilience,* « sur des projets sensibles » et comportant des défis personnels pour l'individu. Ce faisant, le transfert de savoir-faire, accumulé dans le cadre de ces projets, conduit à une plus grande employabilité pour la personne et ancre sa motivation.

• *Développer des exercices où l'on simule des situations risquées dans lesquelles la résilience est une capacité indispensable* : le changement de patron auquel on était lié depuis longtemps, le

---

12. D. Goleman, *L'intelligence émotionnelle*, Paris, Robert Lafont, 1999.

rachat de l'entreprise, la réorganisation, la suppression de postes, la mutation, la mobilité liée au redéploiement des activités, l'aboutissement à un plateau de carrière, l'augmentation de conflits interpersonnels... Toutes ces situations, dans des exercices de simulation, peuvent aider le collaborateur à prendre conscience de ce qu'il peut avoir intérêt à changer. L'entreprise doit faire fonctionner des communautés d'apprentissage de la résilience au sein de l'entreprise.

4. Sensibiliser les dirigeants à l'exemplarité du comportement dans les situations de crise. En d'autres termes, leurs actions et leurs décisions doivent apparaître comme légitimes et crédibles afin de renforcer le niveau de confiance qu'ils voudraient se voir accorder. Il est aussi recommandé de prendre des décisions qui démontrent aux salariés qu'ils sont traités équitablement. L'importance de cette équité a été bien établie par les spécialistes des sciences de management (la théorie de la justice organisationnelle). Les bases de cette théorie sont simples. On ne motive pas les individus mais ils se motivent dans un contexte. Les salariés procèdent à un triple exercice de comparaison permanente :

- entre ce qu'ils ont l'impression d'apporter à l'entreprise et ce qu'ils perçoivent obtenir en retour ;
- entre leur sort et ceux/celles avec lesquelles ils s'estiment comparables ;
- entre ce qui leur est proposé (justice substantive) et la manière avec laquelle ceci leur est donné (justice procédurale).

Le manager doit en permanence être sensibilisé aux critères de comparaison qui importent le plus pour chacun de ses collaborateurs directs.

5. Susciter les comportements d'intelligence économique et sociale qui forcent à être en prise sur ce qui se passe à l'extérieur de la stricte équipe de travail et sur les demandes du marché (marché économique de l'entreprise mais aussi marché de l'emploi). Une objection fréquente concerne alors le risque à organiser soi-même la fuite des meilleurs éléments ou à les faire entrer dans des dispositifs d'enchères salariales. Il est à parier que de nombreux DRH voient encore dans le management de la résilience la destruction de leurs efforts de mobilisation et de fidélisation du personnel. Sont revenus fréquemment, lors de nos auditions, des expressions comme : « Vous ne voulez quand même pas que nous fassions ce que le système éducatif n'a pas fait », « Vous savez, on aurait l'impression de former pour la concurrence », « Tout ceci ne peut profiter qu'aux grandes entreprises qui ont les postes en nombre nécessaire pour attirer les talents ». En réalité, l'expérience montre que les salariés résilients apprécient cette transparence du discours sur la résilience et que cela joue en faveur de leur fidélisation.

6. Consacrer du temps et des moyens au salarié pour valider ses motivations profondes. Par exemple, il est utile que les collaborateurs connaissent leurs principales attentes et qu'ils saisissent sur quoi ils opèrent les choix importants pour la suite de leur parcours professionnel : la compétence technique, la compétence généraliste, la défense d'une grande cause, l'autonomie, l'équilibre vie privée-vie professionnelle, etc. La connaissance du consommateur est devenue presque parfaite mais l'on sait encore peu de choses sur les fondements du comportement du collaborateur au travail. Une intelligence sociale s'impose afin de renseigner les équipes de direction sur les mutations des comportements des collaborateurs. Au-delà de « Pourquoi j'irais travailler ? » se pose naturellement la question du « Pour qui j'irais travailler ? » Pour une entreprise, pour une valeur, pour un dirigeant, pour moi-même ?

Il nous semble, par ailleurs, important de permettre à chacun de mieux se connaître et de repérer ses valeurs-piliers. Chacun se retourne sur les valeurs dans les périodes de grande instabilité. Norman Peale[13], auteur de nombreux best-sellers sur le pouvoir de la pensée positive, tenait à expliquer que les individus dans les phases d'instabilité se retournent toujours vers les valeurs piliers afin d'y trouver la stabilité.

L'entreprise moderne se devra d'être encore plus porteuse de sens et de valeurs. Si les bilans de compétences ont connu leur heure de gloire dans les années quatre-vingt-dix du fait des plans sociaux, ce sont les bilans de projet de vie professionnelle et personnelle qu'il va s'agir de développer. Ce type d'accompagnement se développe très vite aux Etats-Unis, et la reprise en main de l'équilibre personnel-professionnel est très en vogue. (Nous reviendrons sur cette question de la meilleure connaissance des attentes des salariés dans le chapitre suivant sur le « pacte de management ».)

7. Repenser le métier et la formation des spécialistes de RH dans un sens où la résilience individuelle et la résilience organisationnelle soient prises en compte. Ceci signifie concrètement qu'il faut mieux penser les articulations entre l'enseignement de la psychologie, de la sociologie et du management, donc qu'il faut former en maillant les trois disciplines et non en les juxtaposant.

---

13. N. Peale, *La puissance de la pensée positive*, Éditions du Jour, 1990.

AUTODIAGNOSTIQUEZ ET SITUEZ-VOUS DANS LA MATRICE DE RÉSILIENCE

Évaluer le degré de résilience dont on peut faire preuve n'est pas une opération aisée.

En effet, il s'agit pour chacun de distinguer et de s'interroger sur :

• RI : sa résilience individuelle – celle qui caractérise l'individu et ce qu'il met en œuvre ;

• RO : la résilience organisationnelle – celle qui caractérise ce qui se passe dans l'entreprise où le salarié travaille et ce qu'elle met en œuvre.

Le diagnostic ci-après permet de mesurer votre degré de résilience et celui de votre entreprise. Prenez le temps de l'effectuer et de vous poser les questions qui en découlent.

Test de résilience de carrière :
autodiagnostic développé par Yochanan Altman[14] et Frank Bournois, 2002

	Moi	L'ENTREPRISE
Ce que l'on dit	Ria	Roa
Ce que l'on fait	Rip	Rop

---

14. Actuellement professeur de management à l'université Metropolitan de Londres ; www.globalhrm.org.uk

Pour chacune des phrases ci-dessous, vous indiquerez :
- la *force* du propos : combien c'est vrai dans votre entreprise ;
- *l'importance* que l'on y accorde dans votre entreprise.

DANS MON ENTREPRISE...	LA FORCE DU PROPOS	L'IMPORTANCE ACCORDÉE
1. Chez nous, les personnes sont concrètement encouragées à se prendre en charge pour leur développement professionnel	7 6 5 4 3 2 1	*Très important/ Moyennement important/ Pas important*
2. On nous répète volontiers que les collaborateurs sont encouragés à développer leur employabilité	7 6 5 4 3 2 1	*Très important/ Moyennement important/ Pas important*
3. On nous dit que l'entreprise prend en compte les spécificités individuelles lorsqu'elle gère les carrières	7 6 5 4 3 2 1	*Très important/ Moyennement important/ Pas important*
4. L'entreprise se plaît à dire que toutes les possibilités de carrière sont analysées (carrières verticales, latérales, reconversion externe...) quand il s'agit de mobilité ou de promotion	7 6 5 4 3 2 1	*Très important/ Moyennement important/ Pas important*
5. La hiérarchie pense que les évolutions de l'entreprise sont suffisamment signalées aux individus afin qu'ils puissent anticiper et construire leurs propres choix de carrière	7 6 5 4 3 2 1	*Très important/ Moyennement important / Pas important*

Nota : 7 = propos très fort / 1 = propros très faible

6. La hiérarchie estime que c'est une bonne chose que d'organiser des discussions régulières relatives à la carrière	7 6 5 4 3 2 1	*Très important/ Moyennement important/ Pas important*
7. Le fait d'innover et de rendre des comptes sur ces innovations est concrètement récompensé	7 6 5 4 3 2 1	*Très important/ Moyennement important/ Pas important*
8. Chez nous, plusieurs exemples montrent bien que les individus sont responsables de leur propre carrière	7 6 5 4 3 2 1	*Très important/ Moyennement important/ Pas important*
9. On estime que c'est une bonne idée d'indiquer aux collaborateurs les compétences qui comptent actuellement ainsi que celles qui compteront dans le futur	7 6 5 4 3 2 1	*Très important/ Moyennement important/ Pas important*
10. On peut dire que le Service « Ressources Humaines » est un acteur impartial dans l'affectation des personnes et des opportunités de poste	7 6 5 4 3 2 1	*Très important/ Moyennement important/ Pas important*
11. On trouve naturel de donner aux individus des informations détaillées sur les opportunités de carrière qui pourraient se présenter	7 6 5 4 3 2 1	*Très important/ Moyennement important/ Pas important*
12. Le potentiel individuel fait l'objet d'une évaluation régulière	7 6 5 4 3 2 1	*Très important/ Moyennement important/ Pas important*

13. Il y a plus de mobilité entre les grandes fonctions (marketing, production, RH…) que par le passé	7 6 5 4 3 2 1	*Très important/ Moyennement important/ Pas important*
14. L'encadrement est évalué sur les efforts déployés à prendre en compte les besoins des collaborateurs	7 6 5 4 3 2 1	*Très important/ Moyennement important/ Pas important*

Veuillez maintenant indiquer, pour chacune des phrases : sa *pertinence* et son *importance* pour *vous* en tant que personne.

MOI	PERTINENCE TRÈS VRAI/PAS VRAI	IMPORTANCE
15. Je suis en mesure de lister mes objectifs de carrière	7 6 5 4 3 2 1	*Très important/ Moyennement important/ Pas important*
16. Je me plais à dire qu'en fin de compte on a certaine-ment le contrôle sur sa propre carrière	7 6 5 4 3 2 1	*Très important/ Moyennement important/ Pas important*
17. Il me paraît normal que mon entreprise soit au courant de toute information personnelle qui pourrait avoir des conséquences sur mes décisions de carrière	7 6 5 4 3 2 1	*Très important/ Moyennement important/ Pas important*
18. Je suis en mesure d'exprimer les objectifs de carrière et les aspirations de mes subordonnés directs	7 6 5 4 3 2 1	*Très important/ Moyennement important/ Pas important*

148

19. Je trouve normal de prendre en charge son propre développement personnel	7 6 5 4 3 2 1	*Très important/ Moyennement important/ Pas important*
20. L'idée me plaît de discuter de mes objectifs à long terme avec mon hiérarchique	7 6 5 4 3 2 1	*Très important/ Moyennement important/ Pas important*
21. Je rêve d'un plan de progression professionnelle que je pourrais mettre à jour régulièrement	7 6 5 4 3 2 1	*Très important/ Moyennement important/ Pas important*
22. Je suis d'avis qu'il faut prêter attention à tout type d'évolution possible (verticale, latérale...)	7 6 5 4 3 2 1	*Très important/ Moyennement important/ Pas important*
23. Je fais tout pour savoir ce que mon entreprise pense de moi en termes de potentiel	7 6 5 4 3 2 1	*Très important/ Moyennement important/ Pas important*
24. Il me semble normal de prendre en main les étapes de son propre parcours professionnel	7 6 5 4 3 2 1	*Très important/ Moyennement important/ Pas important*
25. Je m'efforce de créer des occasions qui permettent de discuter de mes objectifs professionnels avec mon chef	7 6 5 4 3 2 1	*Très important/ Moyennement important/ Pas important*
26. Je peux donner des exemples où je m'efforce de faire coïncider mes objectifs professionnels avec les besoins de l'entreprise	7 6 5 4 3 2 1	*Très important/ Moyennement important/ Pas important*

27. En matière de manage-ment de mes évolutions, je m'organise pour obtenir le plus de feed-back possible de mes collègues, de ma hiérar-chie ou de mes subordonnés	7 6 5 4 3 2 1	*Très important/ Moyennement important/ Pas important*
28. J'ai déjà pris des contacts avec des personnes en interne (mentor…) car elles peuvent améliorer ma connaissance et mon apprentissage de l'entre-prise	7 6 5 4 3 2 1	*Très important/ Moyennement important/ Pas important*

Calculez vos résultats...

Étape I – Additionnez les valeurs présentes aux questions 2, 3, 4, 5, 6, 9, 11. Pour toute réponse de la colonne 3 où vous avez répondu « très important », ajoutez un point. Reportez ici le score total :_____ ROA

Étape II – Additionnez les valeurs présentes aux questions 1, 7, 8, 10, 12, 13, 14. Pour toute réponse de la colonne 3 où vous avez répondu « très important », ajoutez un point. Reportez ici le score total :_____ ROP

Étape III – Additionnez les valeurs présentes aux questions 16, 17, 19, 20, 21, 22, 24. Pour toute réponse de la colonne 3 où vous avez répondu « très important », ajoutez un point. Reportez ici le score total :_____ RIA

Étape IV – Additionnez les valeurs présentes aux questions 15, 18, 23, 25, 26, 27, 28. Pour toute réponse de la colonne 3 où vous avez répondu « très important », ajoutez un point. Reportez ici le score total :_____ RIP

Interprétation de vos résultats...

ROA = ce que mon entreprise dit faire : la résilience organi-sationnelle

ROP = ce que mon entreprise pratique effectivement : la résilience organisationnelle

RIA = ce que je pense et ce que je dis : la résilience individuelle

RIP = ce que je fais véritablement : la résilience individuelle

Un score de 41 et plus est un score très élevé. Il suggère que cet aspect est très développé.

Un score compris entre 29 et 41 signifie que cet aspect est assez développé.

Un score compris entre 16 et 28 signifie que cet aspect est peu développé.

Un score inférieur à 15 signifie que cet aspect est peu présent.

	CE QUE L'ON DIT	CE QUE L'ON FAIT
Résilience organisationnelle (votre ENTREPRISE)	ROA =	ROP =
Résilience individuelle (VOUS)	RIA =	RIP =

Questions à se poser en matière de résilience à l'issue de votre diagnostic :

• repérez les scores les plus forts et les plus faibles que vous avez obtenus ;

• y a-t-il une cohérence entre les attitudes et les pratiques de l'entreprise ? Qu'en concluez-vous ?

• constatez-vous des écarts importants entre VOS attitudes (ce que vous dites) et VOS pratiques (ce que vous faites) ? Qu'est-ce que cela vous inspire ?

Faites une liste des écarts qui vous surprennent le plus et interrogez-vous sur les conséquences que cela peut avoir en termes de pilotage de votre parcours professionnel.

Essayez de discuter ces résultats avec des personnes qui vous connaissent bien dans l'entreprise et à l'extérieur de celle-ci.

Les réponses aux questions qui précèdent rendent alors possible le positionnement de chacun sur la matrice résilience présentée plus haut.

© Usine Nouvelle

GABS.

CHAPITRE VII – RÉÉQUILIBRER LA RELATION DE TRAVAIL

Le management hiérarchique traditionnel ancré exclusivement sur la notion juridique de subordination n'a plus guère d'avenir. Le modèle participatif a lui aussi prouvé ses limites. Un nouveau rapport de forces s'instaure.

Il impose aux managers de placer les collaborateurs dans une posture plus égalitaire et de clarifier, d'expliciter avec eux les zones d'opposition latente ou réelle. L'encadrement ne peut plus se contenter, comme seul cadre de la relation de travail, du contrat de travail ou de l'application des politiques générales. Il faut prendre en compte les attentes implicites des uns et des autres « pour aller ensemble vers un terrain de compromis qui satisfait entreprise, manager et salariés. » Ce fonctionnement explicatif est à comprendre au sens étymologique : déplier, dérouler le sens, faire sortir de l'obscurité.

Les managers sont souvent convaincus de cette nécessité mais admettent que :

« C'est très dur de connaître les véritables attentes et on a peu d'outils pour cela. Quand on les connaît, elles sont parfois très éloignées de ce que l'on peut satisfaire et l'on préfère souvent faire l'autruche. » « La seule façon de s'en sortir, c'est d'expliciter ces attentes et de trouver un terrain de négociation ensemble », complète un DRH.

Autre exemple : le DG d'un grand groupe mondial se recentre sur les attentes des individus, abandonne les outils collectifs « dans lesquels plus personne ne se reconnaît ». Les bases sont à reconstruire à partir de ce que les individus attendent. « Il faut remettre l'individu collaborateur au centre, le traiter comme un coacteur et non plus comme un éternel subordonné. On n'a plus les moyens de cette ancienne politique. Les gens ont changé. Ils sont plus autonomes. »

Nous pensons ici que le pilotage de la relation de travail se structure de manière complémentaire à l'approche classique (d'inspiration juridico-administrative et gestionnaire), autour d'une dynamique d'*exploration et d'explicitation des attentes réciproques des partenaires* de cette relation, et de *la création de points de convergence* : en d'autres termes, d'un *pacte de management* à renouveler régulièrement entre le manager et son collaborateur.

D'aucuns trouveront cette piste démagogique et illusoire. Nous essaierons dans les pages qui suivent de l'expliquer et de montrer qu'elle est exigente et source de progrès. Certain découvriront qu'ils pratiquent déjà timidement cela et pourront oser la développer. D'autres, enfin, nous l'espérons, seront interpellés dans leur habitudes managériales pour peut-être les assouplir, les faire évoluer en ce sens.

LE PACTE DE MANAGEMENT, HÉRITIER DES RECHERCHES SUR LE CONTRAT PSYCHOLOGIQUE

L'importance de la dimension des attentes personnelles dans le contrat de travail, et la nécessité de la piloter n'est pas nouvelle. Elle a été mise en avant et largement étudiée, entre autres, par des spécialistes anglo-saxons (Argyris[15], Levinson[16] et Schein[17])

---

15. Argyris C. P., *Understanding organizational behavior. Chicago,* Aldine, 1960.
16. Levinson H., Price C., Munden K., Mandl H. et Solley C., *Men, management and mental health*, Cambridge, Harvard University Press, 1962.
17. Schein E. H., *Organizational psychology*, Englewood Cliffs, Prentice Hall, 1965.

dès les années soixante, sous l'appellation de « contrat psychologique ». Ces spécialistes se sont inspirés des modèles d'échange décrits par la psychologie sociale (March et Simon[18], Homans[19]) ou la théorie de l'équité d'Adams[20].

Argyris[21] a d'abord utilisé le terme de *psychological work contract* pour décrire la relation entre les ouvriers et les contremaîtres d'une usine.

D'après Schein[22], au-delà du contrat de travail, il existe donc un contrat d'un ordre non juridique, implicite, qui lie les salariés et l'entreprise autour de demandes et de promesses non exprimées mais perçues comme importantes par le salarié... Pour exemple, ce salarié : « J'ai choisi de travailler dans cette société car j'y ai pas mal d'amis, ce n'est pas loin de chez moi et mon patron est très à l'écoute... si un de ces éléments change, ma relation à l'entreprise et au travail en sera modifiée. »

Tout en nous inspirant de la théorie du contrat psychologique, nous préférons utiliser le mot « pacte de management ». D'abord, parce que le contrat psychologique n'est pas un contrat au sens classique et juridique du terme. Il ne formalise pas d'obligations ou de prestations signées par les parties. Par ailleurs, la notion de psychologie renvoie en partie aux sphères privées, indivi-duelles de l'individu... Or, la dimension personnelle ici recou-verte, concerne la vie au travail, le management. La notion de

---

18. March J. G. et Simon H. A., *Organizations*, New York, J. Wiley, 1958.
19. Homans, G. C., « Social Behavior : Its Elementary Forms », Harcourt Brace Jovano-vich, 1974.
20. Adams J. S., « Inequity in social exchange », *Advances in Experimental Social Psychology*, vol. 2, 1965, p. 267-299.
21. Argyris C. P., *Understanding... op. cit.*
22. Schein E. H., *Organizational psychology*, *op. cit.*

pacte nous semble bien rendre l'idée d'un engagement moral, d'un arrangement ou d'une voie d'apaisement des relations (comme d'ailleurs son étymologie l'indique, *pactum,* en latin). Enfin, le terme de pacte a, pour beaucoup de nos interlocuteurs, la connotation d'un engagement très liant, très fragile, précis dans son objet quoique recouvrant une grande variété d'éléments... ce qui est le cas de la relation au travail.

CONSTRUCTION DU PACTE DE MANAGEMENT

Un pacte souvent implicite

Une grande part des salariés interrogés reconnaissent conclure, dès l'entrée dans l'entreprise, un pacte de management, avec l'entreprise et/ou leur hiérarchie... le plus souvent sans « le savoir », de façon implicite. « Certains embauchés sont plus explicite dans leurs attentes. Ils osent dire ce qui est important pour eux. Pour nous, cela facilite leur gestion », reconnaît un manager.

Ce pacte initial recouvre ce que le salarié ressent comme promis par l'entreprise et qui devient dès lors ses attentes. « En concluant le contrat juridique, le salarié croit souvent que, nous, entreprise, nous nous engageons à lui assurer tout le halo d'attentes, de demandes de salaires qu'il a vis-à-vis de son travail... même sans le dire », constate un DRH.

Ces attentes, qui ne sont pas formalisées juridiquement, n'en sont pas moins opérantes dans l'esprit des salariés : « Si je m'engage à travailler dans une entreprise, ça n'est pas simplement pour le salaire, le statut et les horaires mais c'est aussi pour des raisons très personnelles que je n'ai pas nécessairement exprimées et qui n'étaient que partiellement conscientes. Ma satisfaction dans mon travail et mon efficacité sont liées à la possibilité que je trouve, dans mon poste et dans mon entreprise, de satisfaire ces attentes, c'est-à-dire de faire le plus souvent ce que j'aime et que je sais bien faire et de recevoir les contreparties que j'en attends ! Quand ces attentes sont insatisfaites, quand les éléments qui m'avaient fait choisir cette entreprise ne sont plus présents, les émotions négatives font surface, elles deviennent un élément fort de démotivation et j'envisage alors de changer de poste ou même d'entreprise si je ne peux pas faire évoluer la situation. »

Des attentes variées

« Moi, je suis sensible à travailler pour un patron leader charismatique qui joue plutôt perso et qui me challenge sans arrêt alors que mon collègue rêve d'un patron créant de la stabilité, de la courtoisie et du fonctionnement collégial. En un mot, il préfère un mou alors que moi je préfère un chef. »

Ces attentes individuelles et très variées s'actualisent dans le travail. Le pacte initial, celui « conclu » lors de l'embauche, va nécessairement évoluer au cours de la carrière, au gré des évolutions de l'entreprise (et de son représentant, le manager) et du salarié. La dynamique du pacte de management est une dynamique permanente, qu'accompagne la relation de travail et qui évolue constamment. Elle est biologique.

Nier cette dimension psychologique, c'est nier une partie de la réalité managériale. Notre expérience nous a convaincus de l'importance de savoir découvrir et prendre en compte les conditions particulières qui aident chacun des collaborateurs à donner l'optimum de sa contribution ; méconnaître, bafouer sans explications ces attentes a un impact négatif certain sur les individus et leur implication dans l'entreprise[23].

La difficulté consiste alors dans la mise en évidence d'attentes souvent sous-jacentes, non conscientes ou non exprimées. L'explicitation doit être régulière pour enrayer le mécanisme de rupture. Un tel travail d'écoute est lourd, complexe, chronophage. Mais ne peut-on pas utiliser le management individualisé qui existe, de plus en plus, dans les entreprises, avec toutes ses batteries de rendez-vous annuels, semi-annuels, ses *people reviews*, ses techniques de management de proximité, pour décoder, expliciter ces attentes et leurs implications ? Un DRH nous suggérait : « Essayez donc de sensibiliser les managers à cette dimension, trouvez-leur des outils et nous, on leur dira de consacrer un peu moins de temps à expliquer collectivement aux salariés ce qu'ils doivent faire, et un peu plus de temps à repérer en chacun les attentes, les sources de motivation et de démotivation... »

LES 4 FORMES DE RUPTURE DU PACTE

En examinant un grand nombre d'entretiens effectués à l'occasion de la démission de salariés, notre constat est éloquent : la rupture du « pacte de management » est souvent à l'origine de la *démission*. Les préoccupations que l'on considère comme classiques (évolution de la rémunération...) n'en sont pas les seules motivations. Le non-respect d'attentes spécifiques telles que la modification du contenu du travail, du degré d'autonomie, de

---

23. Robinson S. L. et Rousseau D. M., « Violating the psychological contract : Not the exception but the norm », *Journal of Organizational Behavior*, 15, 1994, p. 245-259.

la reconnaissance sociale reçue, de liens internes durables… sont souvent la goutte d'eau qui a entraîné la rupture.

Le non-respect du pacte de management entraîne aussi parfois d'autres formes de rupture :

– La « *grève psychologique* » : elle s'illustre sous forme de démotivation, comportement de retrait, désengagement… On assiste alors à ce que les Allemands appellent la *innere Kündigung* ou encore la « démission intérieure ».

Un manager évoquait l'événement suivant : « Un de mes collaborateurs était très investi, je m'étais habitué à compter sur lui en dehors des horaires classiques de travail, en échange de quoi il avait plus de liberté quand il y avait moins de travail. On était tous les deux gagnants. Depuis plusieurs mois, la pression était continue, ce n'était plus possible d'aménager le temps comme c'était le cas auparavant. Je sentais bien qu'il avait besoin de respirer mais j'étais coincé et puis je ne me suis pas rendu compte… Il m'a d'abord donné son planning de vacances et de RTT, m'a expliqué qu'il partirait plus tôt et m'a fait sentir que tout cela était non négociable… Il s'est mis en retrait, nos relations sont devenues tendues et, huit mois après, il m'a donné sa démission, c'était l'un des meilleurs de mon équipe. »

– *Le conflit psychologique* : il recouvre le rejet violent du manager, du DRH, une image négative de soi… avec des symptômes physiques individuels. Nous sommes loin du harcèlement moral ou de la simple déception ; il s'agit ici plutôt d'une sévère démotivation, d'une difficulté à continuer à s'investir dans l'action. Celle-ci se vide, en effet, de son sens implicitement recherché et ne correspond plus aux valeurs profondes qui constituent pour l'individu de puissants moteurs émotionnels de

l'action : l'amour du bel ouvrage versus la rentabilité, la coopération versus la concurrence, la normalisation versus l'initiative
artisanale, l'entraide versus la compétition, l'inconnu versus la
sécurité, la diversité versus l'approfondissement (pour d'autres
salariés, les choix seraient inverses !). Les ruptures impliquent
souvent des sentiments particulièrement forts de colère, d'injustice, de tromperie associés à une perte de confiance dans
l'autre[24].

– *Les symptômes collectifs professionnels* : ceci recouvre
absentéisme, turnover accru, relations sociales difficiles, diminution de la qualité, baisse de la productivité, grèves, accidents
du travail ou encore mouvements collectifs de « défense des
avantages acquis » s'organisant autour de thématiques variées
mais correspondant bien au sentiment d'une rupture unilatérale
d'engagements qui avaient jusqu'alors été tenus !

En tant que manager, se réfugier derrière le fait que « rien
n'a été promis, qu'il s'agissait de simples habitudes, que le
contexte a changé, qu'il y a une erreur d'interprétation... » est
une tentative pour minimiser les effets de cette modification
unilatérale du pacte de management. Mais c'est périlleux et
souvent peu productif.

À l'origine de la relation de travail, il y aurait... le plus
souvent... une méprise ou, au mieux, un quiproquo : l'entreprise
croit que le salarié attend la même chose que les autres salariés,

---

24. Morrison E. W. et Robinson S. L., « When employees feel betrayed : a model of how
psychological contract violation develops », *Academy of Management Review*, 22, 11, 1997,
p. 226-256.

et que tout a été dit lors de l'embauche (ou lors des entretiens annuels ou de carrière) et réglé par le « package de recrutement ». Le salarié croit que l'entreprise (et son propre hiérarchique) ont à cœur de satisfaire (et ont la possibilité) de tenir toutes les promesses explicites et induites par le salaire. L'entreprise se pense encore toute-puissante, un peu écrasante vis-à-vis du salarié ; le salarié se découvre plus puissant mais « infantile ». C'est toute cette problématique que le pacte de management enveloppe.

La culture managériale classique a tendance à banaliser voire à sous-estimer la portée du non-respect de ce cadre muet de la relation de travail. Nous pensons au contraire que les managers doivent être préparés à écouter et décoder les signaux faibles, faire émerger, verbaliser les attentes. Cette écoute en permet la renégociation, la redéfinition.

LE PILOTAGE DU PACTE

Le pilotage concerne tant l'individu que l'entreprise. Pour que la relation au travail soit épanouissante pour tous, autant que faire se peut, il appartient tant aux salariés qu'aux entreprises de s'attacher à être moteur dans la mise en œuvre de ce pacte. Plusieurs pistes se dégagent et nous semblent pouvoir être suivies...

S'inscrire dans un esprit de pacte de management, c'est-à-dire une relation plus équilibrée, cela correspond à quatre axes :

1. Admettre l'existence de l'implicite et du particulier

La relation au travail est constituée d'attentes personnelles des acteurs. Chacun d'entre nous choisit, à travers ses filtres personnels, l'interprétation, l'importance qu'il va donner aux actes, aux écrits et aux paroles, et la nature et le niveau de ses attentes. Il existe donc autant de réalités professionnelles que d'individus : il s'agit d'une « réalité perçue ».

Il est souvent difficile managérialement d'admettre que la vie au travail partagée par tous n'est pas perçue pareillement et que les attentes sont variées... et puissantes.

Ce clivage est, par exemple, particulièrement sensible entre dirigeants et salariés. Ainsi, pour les dirigeants, une fusion ou un grand changement sont souvent perçus comme des opportunités « motivantes », désirées. Il s'agit même parfois d'un élément essentiel qui leur avait fait choisir cette entreprise. Pour les salariés, ces changements sont souvent perçus comme des situations subies, menaçantes, qui peuvent engendrer le sentiment d'une rupture du pacte de management initial.

2. Apprendre la lecture subjective des situations ; s'écouter et écouter les autres ; mobiliser la technique du décodage

Salariés ou managers, il importe de décoder les attentes professionnelles réciproques. Implicites, elles sont par essence difficiles à repérer, saisir et donc à « piloter ».

Gilles est, depuis deux ans, directeur des achats Monde d'une grande entreprise française industrielle obligée de réduire son périmètre international. Il décide alors, à presque 40 ans, de quitter cette entreprise où il a progressé très rapidement pour passer en moins de dix ans d'un poste d'acheteur à ce poste de directeur. Il répond à la proposition d'un chasseur de têtes et choisit de rejoindre un groupe plus important, dans un autre secteur. Son nouvel employeur pourra lui offrir rapidement la possibilité de prendre en charge une filiale, après avoir transformé une fonction achats restée très classique.

En effet, Gilles avait « grandi » très vite dans son entreprise, du fait de sa grande compétence technique, de ses capacités de négociation. Mais aussi grâce au soutien d'un DG qui savait développer les talents et à son mode personnel de relation aux autres, marqué par ses capacités d'écoute et son comportement toujours modeste. Il était conscient à la fois de son désir « d'habiter » pleinement sa fonction et de se situer d'emblée dans cette nouvelle entreprise au niveau qui était maintenant le sien. Face à des dirigeants qui attendaient de lui non un super technicien des achats, mais un dirigeant capable d'avoir une vision globale et business de l'entreprise et de son fonctionnement, il devait savoir se situer à parité totale.

Ses contacts préliminaires lui avaient permis de comprendre que son nouveau DG attendait de lui des évolutions assez profondes des pratiques actuelles. Son prédécesseur venait d'être écarté car il ne donnait pas satisfaction, et la fonction avait été recomposée pour lui. Il avait été vigilant à la découverte du mode de fonctionnement et des attentes de ce DG, visiblement autoritaire et exigeant. Il a testé dans ces entretiens ce qui lui a semblé être le « pacte de management » organisateur de son recrutement : « contribuer au projet de l'entreprise en étant centré sur le business et en sachant apporter un regard original » ; ce qu'il a reformulé de la façon suivante : quelqu'un qui soit capable de s'opposer à son boss si nécessaire et d'être autonome dans ses choix !

Cette identification du pacte de management, au-delà de ce qui lui avait été dit de sa fonction et de sa mission, a été fondamentale pour lui : il y a trouvé une « autorisation » précieuse de s'opposer à ce patron autoritaire. Le pacte de management est bien ici complémentaire du contrat de travail qui lui sert de support, ses caractéristiques dépendent à la fois de la situation et des personnes en présence, il n'est réellement conscient que pour Gilles car il implique pour lui une évolution qu'il étaye sur des représentations multiples, à la fois physiques – un état interne qui correspond pour lui à être vigilant et relâché au sens des sportifs –, émotionnelles – un sentiment de confiance en soi et en sa capacité à être efficace grâce à sa compétence – et mentales – l'attente réelle du DG au-delà des éventuelles manifestations de surface qui auraient pu le déstabiliser.

L'exemple de Gilles éclaire les tâtonnements de chacun pour mettre à nu le contenu du pacte et l'exprimer avec des termes justes. Le décodage social implique un réel investissement en matière de compréhension du comportement humain dans les entreprises, d'écoute des signaux faibles, d'adaptation incrémentale... Le pacte de management va bien au-delà des systèmes de gestion classiques (par exemple, l'évaluation annuelle d'activité).

Quelques indications sur ce qu'il y a à décoder

À quelque niveau d'embauche et de qualification que ce soit, parmi les attentes souvent recherchées, on retrouve quelques tendances (qui s'inscrivent dans les dynamiques évoquées dans la seconde partie de ce livre), que nous avons classées selon leur ordre de récurrence constaté lors de nos entretiens.[25]

La relation de travail est censée « garantir » :

• le choix de son niveau d'investissement professionnel, personnel et conciliant vie professionnelle et vie privée ;

• une relation avec une hiérarchie agréable et dans un bon climat général ;

---

25. Conférences Ciffop 2005, Ch. Ebadi : « les nouveaux équilibres sociaux ».

- une évolution professionnelle, pas nécessairement verticale, et, surtout, chez les plus jeunes, bénéficier d'une expérience à l'étranger ;
- la réalisation de son potentiel individuel et à une employabilité accrue ;
- l'appartenance aux hauts potentiels et donc bénéficier de formations et d'affectations prestigieuses ;
- des rémunérations significatives ;
- le partage des valeurs et des priorités de l'entreprise.

Mais, attention, ne tombons pas à notre tour dans la négation de l'individualité ! Cerner les attentes est un exercice particulier.

Chaque collaborateur procède, de manière singulière, à la construction de ses attentes : nous fournissons à la fin de ce chapitre une matrice qui peut servir de guide pour cerner, expliciter les moteurs de chacun (ce n'est qu'un guide ! seul l'échange permettra de cerner efficacement les attentes).

Certaines attentes peuvent paraître surprenantes de prime abord, d'où l'importance du décodage : lors d'une fusion, un président, soucieux de garder un « bon climat social », s'empresse d'écarter la possibilité d'un plan social. Ceci est très mal vécu par certains salariés qui espéraient quitter l'entreprise dans de bonnes conditions financières. Dans ce cas, l'annonce d'une fusion sans plan social a dégradé le climat social…

Autre exemple : les changements fréquents dans l'entreprise sont, pour certains salariés, une réelle attente, le sentiment de rupture du pacte naîtra alors quand l'entreprise décidera, sans explication, de stabiliser son organisation… après une période où tout bougeait tout le temps !

On peut rappeler ici les travaux déjà anciens du professeur Vroom[26], qui avait attiré l'attention sur la prise en compte de la subjectivité des individus, en particulier, l'orientation de l'action à travers la question de la valeur, pour la personne, des buts proposés par l'entreprise.

Le pacte de management incorpore des dimensions personnelles et spécifiques à chaque salarié : il nous fait ainsi entrer dans la vision d'un « management personnel », c'est-à-dire un management qui s'adresse à chacun comme à une personne originale et spécifique et qui cerne ses attentes et ses ressources. C'est un management précis des talents, soucieux d'efficience plus que de bénéfices narcissiques et qui demande à tous une suffisante maturité personnelle et affective. Il appartient aux managers de repérer les moteurs de l'action de leurs collaborateurs et de s'interroger sur les priorités et les modes de travail qui les soutiennent dans leur action quotidienne.

Ceci est évidemment consommateur de temps, s'il n'est pas considéré comme un investissement qui crée les conditions d'un travail plus efficace.

Dans les grands groupes, la tendance à l'uniformisation des relations humaines et de la communication réduit fortement ces marges de manœuvre. Par souci de simplification et d'économie, on préfère imposer les mêmes normes à tous, tout en déclarant qu'il faut s'adapter aux spécificités des collaborateurs. D'autres font le choix de développer la subsidiarité et l'autonomie des managers.

---

26. Vroom V., *Work and motivation*, John Wiley and Sons, 1964.

3. Accepter la puissance des attentes repérées, sans pour autant se sentir « pieds et mains » liés

Piloter un pacte de management ne veut pas dire « dire oui à toutes les attentes ». Mais pour dire « non » ou « oui mais » sans casser aveuglement le pacte initial, il faut pouvoir en prendre acte, connaître ces attentes et en parler.

Les attentes sont en effet souvent entendues par les salariés comme des promesses. Elles ont alors à leurs yeux « force de loi... » ou presque ; et ceci est renforcé par le sentiment général pour les salariés que « leurs attentes sont naturellement légitimes et normales ». Ce type de raccourci contient de nombreux risques d'erreur et de surinvestissement émotionnel.

Accepter la singularité et la puissance des attentes personnelles des salariés vis-à-vis de leur relation de travail, accepter que cette vision personnelle soit constituée pour eux d'une définition du « normal », d'un « dû légitime » est... difficile pour tous (en particulier pour les hiérarchiques qui eux, en tant qu'individu et en tant que relais de la direction de l'entreprise, ont une autre vision du normal).

Pourtant, cela nous semble nécessaire, au risque sinon de passer, au mieux, l'un à côté de l'autre, de « faire semblant », au pire, de s'opposer, de se quitter. Et rappelons-le, la situation démographique à venir, l'autonomisation des salariés rendent cette prise de conscience des différences encore plus brûlante. Les nier ou les sous-estimer, c'est ignorer la réalité managériale actuelle.

Le pacte de management que nous proposons vise un rééquilibrage plus rationnel de ces attentes, en fonction de la réalité de la situation et des engagements possibles : cette prise de recul, qui répond aussi aux besoins d'équilibre de plus en plus souvent exprimés par les salariés, cet échange sur les attentes réciproques et les priorités de chacun peuvent contribuer à un investissement plus efficace et plus rationnel dans la vie professionnelle.

4. « Hâtez-vous lentement et sans perdre courage, vingt fois sur le métier remettez votre ouvrage[27]... »

Le pacte de management se construit dans la durée, il est sur une base évolutive... Pour rappel, l'évolution est le fait soit de l'entreprise (par exemple, lors de grands changements telles les fusions, les modifications de hiérarchiques, voire de pratiques managériales), soit du salarié (par exemple, modification de la localisation ou explicitation sur le travail, nouvelles attentes de carrière ou quand des indices d'insatisfaction sont manifestes) ou quand l'une des parties ne ressent plus le pacte comme organisateur de la relation. Elle implique une démarche de pilotage sans cesse renouvelé.

LES LIMITES DU PACTE DE MANAGEMENT

S'inscrire dans la dynamique du pacte de management, c'est de fait revisiter les rôles habituels ou profondément ancrés des managers et de leurs collaborateurs (et réciproquement). Cela conduit l'un et l'autre à cesser de nier l'altérité : « L'autre n'a pas nécessairement et spontanément envie d'aller dans le sens que je veux suivre ou qu'il me faut suivre. L'autre a, par ailleurs, des ressources qui m'aideront peut-être à changer. »

---

27. Boileau.

L'un des enjeux consiste aussi à limiter la toute-puissance du manager pour structurer la relation au travail et ses modifications à venir.

La dimension de pacte individualisé pose la question de la liberté des partenaires et, en particulier, de la capacité réelle d'un certain nombre de personnes à négocier un contrat qui ne soit pas léonin ! La crainte du chômage, les exigences des postes, la peur de l'inconnu, l'immaturité psychologique peuvent pousser certains à accepter ce qui leur paraît en fait comme inacceptable (sans les protections garanties dans une négociation collective, par exemple).

Plus les contrats sont personnalisés, implicites et sur mesure pour chacun, plus ils contiennent des dimensions affectives fortes, et la liberté des parties est trop souvent favorable à celle du renard dans le poulailler ! Comment réguler des rapports sociaux en butte aux abus de pouvoir ? L'instrument pacte de management n'est-il pas trop vague ?

Il est évident que le grand piège de l'individualisation des ressources humaines repose sur ce déséquilibre dans la relation de forces entre l'entreprise et chacun des collaborateurs.

Il est essentiel de réintroduire des contre-pouvoirs par le biais des représentants du personnel, des accords collectifs ou peut-être par des choix des actionnaires salariés, des fonds éthiques ou règles de gouvernance.

L'exigence de ce type de contrat, qui ne peut exister sans réelle capacité à négocier, pose la question du risque d'exclusion ou de la soumission des plus faibles : l'attention portée à la résilience des salariés est indispensable.

En conclusion

Nous entendons déjà les managers qui lisent ces lignes penser tout haut : « En théorie, c'est peut-être intéressant, mais en pratique, c'est irréalisable. » Chacun sait combien il a de collaborateurs et il peut calculer le temps qu'il lui faut passer à piloter avec eux individuellement leur pacte : l'exercice peut se chiffrer en semaines d'investissement. Souvent, dès qu'on demande à la hiérarchie de consacrer du temps managérial à chaque subordonné, elle explique qu'elle n'a pas le temps. À quoi les managers passent-ils leur temps ? Serait-ce à tout sauf à faire du management ?

Il faut prendre garde de ne pas toucher à l'intégrité de la personne. Il existe une frontière entre la dimension personnelle et la dimension professionnelle, elle doit être respectée. Son pilotage se fait sur la base des attentes de ses protagonistes et non pas par intrusion dans des dimensions plus profondes de leur personnalité.

Ces réserves posées, la notion de pacte éclaire et formalise une dimension implicite et fondamentale : le rééquilibrage entre salariés et l'entreprise et ses managers. Cette « prise de conscience » devrait donc modifier les pratiques managériales. Elles doivent désormais s'adapter aux collaborateurs dans leurs spécificités, expliciter les éléments de la relation et surtout s'inscrire dans une relation de réciprocité à l'égard du collaborateur. Le pacte s'inscrit dans une nouvelle politique de contrat social.

Check-list destinée aux managers et aux collaborateurs qui veulent entrer dans une logique de pacte de management

1. Quelles sont mes attentes ?
2. Quelles sont les attentes de mon manager ou de mon collaborateur ?
3. Mon pacte est-il équilibré ?
4. Suis-je disposé à admettre que le pacte engage bien les deux parties ?
5. Sur quels points nous rejoignons-nous ?
6. Sur quels points avons-nous des attentes contraires ?
7. Quelles attentes ne sont pas négociables pour moi ?
8. Quelles attentes sont négociables pour moi ?
9. Quelles attentes ne sont pas négociables pour mon manager ou mon collaborateur ?
10. Quelles attentes sont négociables pour mon manager ou mon collaborateur ?

À la lumière de mes réponses, quels éléments pourraient être réaménagés afin de rééquilibrer le pacte avec réalisme ? Sous quel délai ces éléments pourraient-ils être réaménagés ?

Pour mémoire, le pacte porte sur l'équilibre entre contribution et rétribution – équilibre toujours personnel, influencé par l'histoire, la situation actuelle, les groupes, les systèmes de valeur des parties. Cette notion intègre :

• *les avantages matériels* obtenus par son travail ;
• *le mode de relation* qui prévaut entre un hierarchique et son/ses subordonnés : degré d'autonomie, d'attention, de soutien, d'encouragements, de reconnaissance, statut social dans l'équipe et/ou l'unité...
• *les conditions de travail* : type de projets proposés, objectifs, contenu des missions.

CHAPITRE VIII – REPENSER L'ORGANISATION : POUR DE NOUVEAUX POINTS DE REPÈRE !

Pourquoi se pencher à présent sur le thème de l'organisation ? Étymologiquement, organiser, c'est « rendre apte à la vie ». L'organisation permet aux salariés de se coordonner mieux et de coopérer vers plus de performance... et de satisfaction.

L'entreprise des années 2000, comme nous l'avons dit précédemment (deuxième partie), ne peut se satisfaire des modèles organisationnels élaborés pour l'entreprise industrielle classique d'envergure régionale ou nationale.

Les salariés, nous l'avons vu précédemment, sont « assez vite perdus au milieu de ce maelstrom » « il devient donc urgent de les aider en leur donnant des repères dans ce monde éphémère ».

DES REPÈRES POUR SALARIÉS

1er repère : Fi « du modèle idéal » ! ...

Plus d'un siècle de théories des organisations nous confronte à un résultat simple : l'organisation est déterminante pour la création de performances et pour le niveau de satisfaction des salariés. D'autant plus dans un monde où les organisations se délitent et se reforment dans leurs valses quasi incessantes : des mouvements permanents entre hiérarchies plates et à multiples échelons (concentration et déconcentration), centralisation et décentralisation, importance relative du rôle donné aux fonctionnels et opérationnels dans les processus de décision, autonomie déléguée et structuration des rôles. De même sont sans cesse combinées et recombinées les structures fonctionnelles, divisionnelles (par produit, marché, zones géographiques) et matricielles.

Les dirigeants jouent de chacune de ces dimensions en fonction des contraintes de l'entreprise à la recherche permanente du meilleur modèle. Ils favorisent suivant les cas le jeu de l'organisation « formelle » ou de l'organisation « informelle », mais n'éliminent jamais les zones d'ombre et les jeux d'intérêts et de pouvoir autour des structures. Ce qui est d'ailleurs impossible car ils sont inévitables étant donné l'importance des enjeux des acteurs.

Les modèles auxquels les cadres mais aussi leurs dirigeants aiment à se rattacher occupent une place trop grande et, de leurs aveux, souvent inhibitrice d'action et de créativité. Hélas ! et heureusement ! il n'existe pas de modèle organisationnel parfait ou idéal et loin de nous l'idée qu'il puisse y en avoir un qui s'adapte à la diversité des entreprises !

Les termes de *contingence* et *pragmatisme,* dans le jargon du management expriment précisément cette réalité : il n'existe pas de modèle idéal, pas de « one best way » pour gérer l'entreprise : « on m'a dit que la nouvelle organisation était la bonne et que les autres étaient des erreurs de management et maintenant, vous allez voir ce que vous allez voir ! Ça, ça va nous sauver... hélas ! quelques mois plus tard, le présentateur de cette organisation était parti, promu ailleurs et tout s'est arrêté, on nous a laissés en plan ». « Un an après, on a vu (re)débarquer un cabinet de conseil qui, après une grand-messe présidée par le DG lui-même, était chargé de mettre enfin la vraie réorganisation en place et on est repartis sans trop y croire. On a fait semblant ou presque parce que ça m'a pas mal pris la tête leur truc ! »

Commençons par abandonner la quête permanente de l'organisation « parfaite » et par admettre une fois pour toutes que l'organisation est temporaire et éphémère. Cela peut sembler une évidence à tous mais, dans les pratiques, on constate que, pour « faire passer » la nouvelle organisation auprès des troupes, les dirigeants sont souvent tentés de la présenter comme « la » bonne réponse aux difficultés de l'entreprise. Ils finissent même par se convaincre eux-mêmes que l'organisation est la solution à tout. Ainsi, nous avons cherché à dégager quelques grands principes qui, sur le plan organisationnel, créent les conditions favorisant la mise en place d'une relation au travail épanouissante. Ces principes constituent un cadre de base à partir duquel chacun doit pouvoir se positionner.

2e repère : L'analyse des jeux de pouvoir en particulier liés à l'information

Submergés par l'information

Toutes les entreprises l'ont compris : ce qui crée de la valeur, c'est aussi le partage de l'information. Elles ont donc de plus en plus tendance à se structurer pour favoriser à l'intérieur, le recueil, le traitement et le partage des informations venant de l'extérieur. Le début des années 2000 a connu l'avènement de l'intelligence économique et stratégique et, plus largement, celui du management de la connaissance *(knowledge management)*.

Chaque collaborateur est potentiellement en contact avec tout le reste de l'entreprise et on lui demande aussi d'être très au fait de ce qui se passe à l'extérieur, dans et hors de son milieu professionnel. Organisation en réseau, organisation matricielle, structure souple par projets : toutes ont en commun de placer chacun des collaborateurs au centre d'un afflux d'informations, au risque d'être noyé par le débordement d'information (*information overflow syndrome*). Ces informations foisonnantes prennent souvent la forme de demandes voire d'ordres qui peuvent être contradictoires les uns par rapport aux autres.

La souplesse, la complexité, la mobilité des nouvelles organisations contribuent à multiplier les centres de responsabilité en droit d'exiger de chacun des contributions croisées. Combien de fois entend-on dans les organisations matricielles que les centres de profits (ou *business units*) sont en droit d'exiger les meilleures conditions de production aux usines des filiales, lesquelles doivent à leur tour contribuer au mieux aux résultats consolidés du groupe ?

Implicitement et même explicitement, ce qui est demandé à chaque collaborateur, c'est d'arbitrer entre l'ensemble des sollicitations auxquelles il est soumis pour produire de la valeur et de savoir convaincre son entourage de la qualité de son choix. En réalité, ses capacités de traitement sont souvent débordées.

Couvrir son propre risque

Comment le collaborateur effectue-t-il alors son traitement de l'information ?

Pour beaucoup, le premier critère est celui de ses propres risques personnels. La stratégie de l'entreprise, à supposer qu'il en dispose ou qu'il se la représente, passe souvent après son propre sort (ce qui se conçoit aisément). Autrement dit, il cherche à se couvrir « pour qu'on ne puisse pas lui reprocher de... » plutôt qu'à savoir ce qui est utile pour l'ensemble de l'organisation. Dans leur sphère immédiate de travail, les collaborateurs apprennent très vite à évaluer les rapports de forces implicites de l'entreprise. Ils savent que leur principal risque personnel peut venir d'une mauvaise évaluation de ce rapport de forces. Dès qu'ils se sentent désécu-risés, ce qui est assez fréquent, ils se posent les questions suivantes : à qui ne faut-il pas déplaire ? Qui décide de mes augmentations de salaires et qui influence véritablement mon maintien et mon évolution dans l'entreprise ? La compétence « politique » devient centrale par rapport à toute autre compétence !

Dans l'ensemble, la tendance consiste à transmettre le maximum d'informations au maximum de correspondants internes. Cela permet de se « couvrir ». Ce parapluie protège de l'accusation éventuelle selon laquelle on ferait de la réten-tion d'informations et met implicitement celui qui la reçoit en devoir d'en tenir compte. Le résultat est connu : tout le monde est submergé par les messages électroniques et perd du temps quotidien à faire le tri. À l'échelle d'un groupe, plusieurs dirigeants nous ont confié que les journées de travail ainsi perdues dépassent de loin les journées de grève et, plus largement, l'absentéisme !

Comment traiter l'information ?

Chacun a développé ses caractéristiques personnelles de trai-tement d'une information foisonnante. Qui de choisir de retenir les informations nouvelles et/ou surprenantes, utiles pour être en permanence au fait des changements, qui de sélectionner les informations les plus techniques qui répondent à sa propre curio-sité, qui encore de privilégier le fait de rendre service pour alimenter ses réseaux et renforcer des liens affectifs...

Ces choix de priorités peuvent varier à l'infini ou presque, leur impact sur le mode de travail est d'autant plus important que l'information est éparse et non hiérarchisée, que l'entreprise demande à chacun une capacité réservée naguère à un petit nombre : la capacité à hiérarchiser et choisir entre des contraintes et des exigences contradictoires.

Seule la compréhension du fonctionnement global de l'organisation et un réel droit à l'erreur peuvent permettre à chacun de développer ces capacités nouvelles.

Pour les individus, il est important de connaître et de reconnaître ses propres tendances qui visent à se protéger, à être reconnu, à être le premier, à rendre service... et qui organisent aussi un mode de tri et d'évaluation de l'information qui n'est pas toujours le plus pertinent !

Expliciter les codes

Pour accompagner ce processus, l'une des manières est de mettre sous contraintes de règles assez rigides celui qui émet et celui qui répond. Il importe de souligner que les mécanismes implicites liés aux NTIC sont associés à une caractéristique principale : l'instantanéité. Ainsi, c'est la rapidité de réponse aux e-mails qui est perçue comme signe de compétence. Qui n'a pas été victime de l'illusion d'une communication cent pour cent efficace, centrée sur le contenu du message sans cadre relationnel et qui génère pourtant bien des conflits ? En pratique aussi, les nouveaux comportements induits par ce type de communication se caractérisent par la suppression des marques de politesse au profit d'une communication supposée plus opérationnelle... quand elle n'est pas imposée dans la langue de travail de l'entreprise, c'est-à-dire sans rapport avec les langues maternelles des locuteurs ! Le travail en anglais implique pour de nombreuses équipes de se créer un dictionnaire des principaux termes pour éviter les erreurs d'interprétation.

En fait, les aspects relationnels sont replacés par de nouvelles conventions et d'autres codes : caractères gras pour exprimer son irritation, rouges pour la colère, etc. Les logiciels spécialisés comme les groupware, les forums intranet, la téléconférence et le travail en équipes multiculturelles vont contribuer de plus en plus à une redéfinition des pratiques de régulation de l'information. À chaque entreprise, puis chaque groupe réel, de trouver le contenu de ces nouvelles règles de communication.

À travers ce qui pourrait apparaître comme une pure question technique (la transmission d'informations) se joue en fait bien autre chose. D'abord, une évaluation de la performance, ensuite, des attributions de responsabilité des erreurs commises et, enfin, un mode de relation qui concerne tous les acteurs de l'entreprise. Tout cela est le plus souvent implicite et donc piégeant pour les acteurs. L'entreprise se doit d'expliciter ces règles en n'essayant pas d'occulter que l'information demeure une source de pouvoir, même à l'ère du knowledge management ! Ces nouveaux comportements liés à l'information peuvent conduire paradoxalement à des incompréhensions entre les collaborateurs. Il faut veiller à ce que le sens même du travail ne soit pas remis en cause, car il se viderait de ses dimensions relationnelles.

3e repère : admettre les « routines »

Lorsqu'il est utile d'être routinier

La routine a mauvaise presse dans l'entreprise actuelle, et dire de quelqu'un qu'il est routinier est une condamnation sans appel ! Et pourtant !

La construction de routines pertinentes est certainement à la base des actions les plus performantes : elles sont des savoir-faire totalement automatisés, individuels ou collectifs, qui ne demandent ni charge mentale, ni investissement pour permettre d'atteindre dans les meilleures conditions les résultats recherchés. Ce n'est certainement pas en réinventant pour chaque match les combinaisons de jeu qu'une équipe sportive a des chances de gagner : elle se doit de développer des enchaînements et de s'appuyer sur des automatismes issus d'une longue répétition et d'un choix d'apprentissage.

Elles constituent la mémoire de l'organisation. Les comportement les plus routiniers sont les plus profondément internalisés. Plus ils sont « tenus pour acquis », plus ils témoignent de la force de la culture de l'organisation et plus ils facilitent l'exécution du travail et la performance.

Alléger la charge mentale

De même, les routines de travail allègent la charge mentale, elles sont des compétences collectives qui ne sont souvent même plus reconnues tant elles font partie de la culture commune, mais elles apparaissent dans leur pertinence quand de nouveaux entrants doivent se les approprier ou quand des rapprochements d'entreprise les mettent en question dans leur pertinence ou dans leur inutilité, si elles ne sont que survivances superflues ou l'expression de rigidités.

Intégrer les routines dans le changement

En effet, ces routines « oubliées » sont tellement intégrées que leur remise en question est toujours difficile, ce qui peut expliquer la crainte qu'elles inspirent aux dirigeants. Mais les changements organisationnels rapides qui ne permettent pas que s'élaborent ce type de routines de travail engendrent le même type de charge mentale que celle qui s'impose à l'apprenti conducteur avant qu'il ne soit capable de conduire de façon quasi automatique. Donner aux changements organisationnels le temps que se construisent les routines adaptées est important car des changements permanents, qui impliquent chaque fois le développement de nouvelles compétences, sont coûteux en charge mentale. De plus, ils interdisent la construction de savoir-faire transmissibles à d'autres.

Enfin, l'efficacité collective vient en grande partie des habitudes partagées qui permettent de répondre aux exigences du business sans avoir besoin de réfléchir ni de vérifier ce qui est attendu des autres. Les périodes de changements de mode de travail et d'organisation sont souvent des moments où les processus ne sont pas bouclés (quoi qu'en pensent les spécialistes en changement organisationnel) et où toute action demande de réfléchir et de rester vigilant pour être certain que le résultat sera délivré en qualité et en délai. Cette sécurité dans des routines est certes un frein au changement mais elle est aussi source de confort et d'efficacité collective !

Reconnaître les routines, c'est reconnaître une grande partie du savoir-faire des collaborateurs. Il importe d'en tenir compte dans la conduite du changement, à la fois dans un souci d'efficacité mais aussi de prise en compte des apports de chacun.

THÈMES À « TOUJOURS » ABORDER PAR LES MANAGERS

Pris isolément, les principes que nous proposons de creuser ne sont pas radicalement nouveaux. Ils peuvent avoir déjà été soulevés par différents théoriciens, présentés dans la littérature spécialisée de management ou encore repris par des cabinets de conseil en gestion. Nous les éclairons ici sous un jour nouveau : ils participent, selon nous, au socle des organisations de la prochaine décennie.

Ce n'est pas en effet parce qu'une organisation est par essence un essai, une expérimentation ou un simple projet qu'elle ne doit pas pour autant s'appuyer sur des principes éprouvés.

1er thème : l'organisation en subsidiarité

Il s'agit de dépasser le traditionnel dilemme du choix entre centralisation et décentralisation. Combien d'énergies investies dans la démonstration de la supériorité de l'un ou de l'autre ! Toutes les recherches sur le management et la communication interculturelle vont dans le même sens : plus les phénomènes sont initiés par la base, plus ils ont de chances de répondre à la volonté de résoudre un problème concret. Au moins tant que les contraintes organisationnelles et la peur laissent aux acteurs la possibilité de se centrer sur le business plus que sur la sauvegarde de leurs intérêts personnels ou le souci de satisfaire à tout prix les règles de gestion, fussent-elles absurdes !

Il existe aujourd'hui une forte tendance, dans les grands groupes internationaux, à recentraliser un grand nombre de décisions, surtout après les aventures Enron, Worldcom... Les justifications de ce mouvement sont constantes : sécuriser les comptes, conserver le contrôle, améliorer les gains de productivité et favoriser la constitution d'une identité commune. Ces préoccupations sont légitimes.

La question est de savoir jusqu'où il est utile d'aller dans la centralisation et à partir de quand cela devient contre-productif. Il existe un non-dit important autour de cette question de la centralisation des décisions. Pour ceux qui travaillent dans les filiales, la tentation est grande d'attribuer à la maison mère l'intention de les instrumentaliser ou de les cantonner dans des rôles d'exécutant dépendant du centre, c'est-à-dire du siège.

Prenons l'exemple des achats. On comprend bien l'avantage de les centraliser par rapport aux coûts qu'ils permettent de réduire à l'échelle de l'entreprise ou du groupe (économies d'échelle, force de négociation avec les fournisseurs et les sous-traitants…). C'est en s'appuyant sur cette logique de gestion qu'une des premières entreprises pétrolières mondiales a acheté la même casquette pour tous les pompistes dans le monde, après une étude très poussée pour obtenir le meilleur produit existant au meilleur prix. Tous ceux qui habitaient au nord continuaient de rêver d'avoir des oreillettes pour se protéger du froid alors que ceux qui habitaient au sud ont fini par découper des trous pour favoriser un minimum d'aération.

Il est bien évident que certaines actions doivent être rapprochées du terrain alors que d'autres méritent d'être traitées de façon pertinente à des niveaux élevés de l'organisation, où l'analyse d'ensemble est véritablement plus pertinente pour la prise de décision. Plutôt que de choisir une fois pour toutes, même si en fait ce ne sera que le temps d'une réorganisation, un niveau de décision, il est préférable d'appliquer un principe permettant des choix variables en fonction des situations : celui de la subsidiarité.

Plus la subsidiarité sera affirmée comme une règle première, plus l'entreprise bénéficiera de la richesse des cultures et de la variété des initiatives qui constituent un groupe. Sinon, on nourrira rapidement le sentiment que l'on est en train de les étouffer.

Qui décide ?

La question est bien celle des choix du niveau de décision, pertinents pour bénéficier de l'apport d'un groupe sans tuer l'initiative et l'autonomie. Certains ont choisi de donner une réelle autonomie de gestion à des patrons de filiales en leur laissant le loisir de construire des systèmes de gestion spécifiques, dans une vision qui intègre leurs préoccupations propres en même temps que les enjeux du groupe. Pour ce faire, chaque directeur de filiale a une responsabilité sur une fonction transversale « groupe » et se voit intéressé à la réussite du groupe en même temps qu'au développement de sa filiale.

Les systèmes d'information sont parfois décriés mais il faut reconnaître qu'une implantation bien conduite permet de mieux décider et gérer, au centre comme à la périphérie. La mise en place d'un intranet d'entreprise est un excellent observatoire des niveaux requis de décision.

En procédant à la réalisation (design) de son intranet, une grande banque européenne a permis aux différentes unités de clarifier leurs besoins mutuels d'information et leurs attentes en termes de prise de décision. L'opération a mis en évidence des incompréhensions culturelles (l'importance ou non de l'écrit, la présence des chefs dans les réunions comme signe d'importance ou de légitimité des projets...), et une véritable analyse de l'organisation a bénéficié à toutes les parties prenantes. Y compris les comités d'entreprise européen et nationaux qui ont figuré parmi les plus grands promoteurs du projet.

En moins d'un an, les salariés ont divisé par deux le nombre d'e-mails, sont rassurés sur leur organisation qui lutte contre les redondances d'information, se font plus confiance dans les rapports siège-filiales et sont convaincus d'être plus productifs et plus disponibles pour le client.

Le mouvement de recentralisation des décisions que l'on observe régulièrement repose en partie sur le constat que certaines décisions se prenaient plus sur des critères d'intérêts particuliers que sur l'intérêt global du groupe. Si ce type de doute existe, la facilité est de recentraliser. Mais l'effet est aussi immédiat : une déresponsabilisation des équipes et donc une perte des capacités d'innovation. L'exigence de précision dans cette organisation de la liberté implique une grande rigueur : dans le suivi des procédures de décision et dans le contrôle permanent de la cohérence. C'est l'un des nouveaux rôles des managers, comme nous le verrons plus loin.

Le découplage des processus de décision que nous préconisons n'interdit pas d'utiliser le principe des « pouvoirs réservés » aux échelons élevés du management. Dans certains domaines précisément définis comme stratégiques, les décisions sont mieux traitées à ce niveau global et permettent d'optimiser les coûts et l'allocation des ressources.

Subsidiarité et relation au travail

Les équipes de collaborateurs ont de plus en plus besoin, pour trouver du plaisir dans leur travail, de disposer d'une marge de manœuvre qui leur ouvre la possibilité de laisser leur créativité s'exprimer. Dès que l'organisation regroupe de nombreuses équipes, l'enjeu est, pour elle, de garder une cohérence globale. La subsidiarité permet de concilier ces deux contraintes. Elle suppose une grande rigueur dans le suivi des processus qui conduisent à prendre les décisions.

Elle implique aussi une vigilance et des réflexes permanents : savoir identifier quand l'organisation n'est plus adaptée aux circonstances. C'est ce que les Anglo-Saxons appellent parfois le réflexe permanent de *hindsight*, c'est-à-dire cette capacité à regarder derrière et à constater l'inadéquation de l'organisation par rapport à l'environnement ou aux choix stratégiques. Bref, il s'agit en permanence de se demander si celui qui va décider ou appliquer une décision est le plus qualifié pour le faire. Un grand dirigeant d'un groupe industriel nous expliquait que le comité exécutif se posait avant chaque décision la question de savoir s'il n'y avait pas quelqu'un de plus apte que ses membres pour trancher (la compétence pour décider s'entendant en termes de savoir-faire personnels ou organisationnels).

Évidemment, la pratique de la subsidiarité impose une remise en cause du pouvoir omnipotent du seul comité de direction. Elle est alors moins aisée à introduire dans les structures hiérarchiques traditionnelles ; elle l'est beaucoup plus dans les structures divisionnelles et matricielles, où des acteurs plus nombreux et plus en interaction avec l'environnement externe perçoivent plus rapidement la nécessité d'adaptation. Le sommet de l'organisation doit être en mesure d'entendre et de traiter ces signaux fréquents et d'expliquer ses décisions aux équipes. Inopportunes ou mal expliquées, ces réorganisations seront perçues comme inutiles ou inapplicables et conduiront au maintien souterrain des anciennes pratiques.

2e thème : les rôles de l'équipe dirigeante

La littérature managériale des dernières années insiste longuement sur le concept de *corporate governance,* attirant l'attention sur les relations complexes entre l'entreprise et ses différentes parties prenantes. De fait, la grande majorité des analyses concerne les relations avec les actionnaires (*shareholders*). Curieusement, les recherches et études sur les relations au sein de l'équipe dirigeante sont très faibles, voire inexistantes. Face aux environnements changeants s'impose la nécessité d'une équipe de direction générale solide, prête à traverser les épreuves. Le sujet est d'une brûlante actualité, l'octroi du prix du meilleur livre RH 2003 à une étude sur le fonctionnement des comités de direction en est révélatrice.

Mieux comprendre la problématique de la dirigeance

La notion de dirigeance d'entreprise que nous proposons et dont la traduction anglaise serait *Top team governance* ou *Executive governance* concerne le mode de gouvernement interne par l'équipe de direction générale de l'entreprise.

La dirigeance doit être appréhendée avec des éclairages différents et interdisciplinaires pour mieux comprendre certains concepts et mieux agir dans l'action. Il est étonnant que cette problématique ait été aussi peu étudiée. Les thématiques-clés sont par nature transverses : le coaching, l'ambition et ses limites, l'entourage du président, les moteurs de l'action de diriger, l'internationalisation, l'urgence, la communication, la composition de l'équipe de direction, la crise, la rationalité, la réussite, les choix d'investissement, leur propre sortie du comité de direction, etc. Autant de sujets qui transforment non seulement les dirigeants mais aussi par contrecoup, les salariés.

Il nous paraît ainsi indispensable d'investir cette problématique pour permettre entre autres de...

- *Expliciter les mécanismes de prise de décision* au sein de l'équipe dirigeante. Cette phase doit pouvoir être critique, c'est-à-dire qu'elle permette d'identifier les défauts du processus de prise de décision pour l'améliorer. Il s'agit aussi de transformer en méthode adaptable à d'autres situations ce qui a été « inventé » dans l'intuition de l'action.

- *Expliciter les sources de pouvoir.* Le rapport de forces est un fait. Il est toujours en grande partie implicite et repose sur des principes qui ne sont pas clairs ; les sources de pouvoir sont multiples et changeantes, en fonction des situations et des acteurs. De plus, si les signes extérieurs du pouvoir sont en voie d'atténuation au profit de rapports sociaux plus directs et moins hiérarchiques, ils cachent mieux mais ne suppriment nullement les différences politiques, les rapports de pouvoirs et émotionnels entre les individus et les groupes.

- *Identifier plus finement les complémentarités-antagonismes des profils des dirigeants* et s'en servir pour enrichir la réalisation des projets de l'entreprise. Bien évidemment, cette complémentarité est celle des compétences et des centres de préoccupation mais elle est aussi psychologique, en fonction des caractéristiques cognitives et émotionnelles de chacun.

- *Aborder les représentations communes relatives à la direction générale.* Elles serviront de socle en partie non explicite et même non conscient qui structure le mode de travail, les priorités, les choix de cette équipe et des salariés. Les représentations concernent également le rôle du dirigeant et sa valeur ajoutée, l'autorité, le pouvoir, le contrôle et les façons de l'exercer, l'obéissance, l'efficacité, le rapport au temps, le droit à l'erreur, les modalités du leadership, la possibilité de se différencier et même de s'opposer...

Former les dirigeants pour améliorer les relations de travail

Bien souvent, les dirigeants n'ont pas pris en compte à quel point les changements qu'ils ont constatés depuis leurs débuts dans la vie professionnelle les concernaient eux aussi, notamment dans leurs compétences. Les directeurs des cadres n'ont cessé de nous répéter leur difficulté à organiser des « séminaires » à destination des dirigeants, qui rejettent l'idée qu'ils « puissent avoir quelque chose à apprendre ». C'est ainsi que beaucoup manquent d'outils de vision globale des problématiques de relations du travail et n'ont pas les comportements adaptés, prenant en compte les nouvelles attitudes au travail des jeunes cadres. Les dirigeants comme les autres populations de salariés sont concernés par de nouveaux équilibres vie personnelle-vie professionnelle.

L'équipe dirigeante doit ainsi acquérir les compétences lui permettant de prendre du recul sur sa manière d'agir et les conséquences de son action. Sans le vouloir, il lui arrive souvent d'envoyer des messages contradictoires aux équipes soit en multipliant les demandes, chacune répondant à une logique différente, soit en donnant de fausses délégations. Elle peut aussi se trouver décalée par rapport aux évolutions très rapides du reste de l'entreprise, de l'environnement, assise sur ses certitudes et ne prenant pas le temps de se développer.

3ᵉ thème : gestion des postes et de leurs titulaires

S'il fallait expliquer la gestion des ressources humaines de manière simpliste, une définition simple s'imposerait : « La recherche de l'adéquation des collaborateurs aux emplois à l'instant *t* et en prévisionnel ». La GRH gravite autour de deux outils-piliers : d'une part, l'évaluation des postes (encore appelée la pesée ou cotation de postes) et, d'autre part l'appréciation des performances des collaborateurs dans le poste. Le poste a toujours constitué l'un des points les plus sensibles de la relation de travail ; c'est autour du poste et de la question du salaire de base que sont nées les conventions collectives ; source de toutes les convoitises et rivalités, le poste est indiscutablement l'un des points très structurants de la relation au travail... même si cela peut paraître aux yeux de certains, peu à la mode, peu moderne.

Rendre les postes attractifs

Très en vogue à la fin des années soixante et au début des années soixante-dix, cette notion est maintenant trop souvent oubliée des spécialistes de l'organisation, qui raisonnent plus en termes d'économies et de rationalisation qu'en prenant en compte le potentiel de mobilisation des postes proposés : aux managers ensuite de savoir convaincre les opérationnels de l'intérêt pour eux du mode de travail qui leur a été imposé !

Les caractéristiques de ce que peut être un poste « motivant » sont pourtant aujourd'hui bien connues. Comment rendre un poste d'accueil motivant ? La prise en compte de la personne et de ses projets doit s'équilibrer avec l'agencement régulier des regroupements de taches. L'enjeu alors n'est pas de contraindre et de contrôler, mais d'observer ses collaborateurs pour les accompagner, en prendre soin et les aider à grandir : ils feront alors grandir l'entreprise ! La formation est importante à ce stade : aider le salarié à être doté des compétences requises pour ce nouveau poste afin que cette évolution ne soit pas une menace mais une opportunité.

Mais il importe aussi de tenir compte de la charge psychique qui est de plus en plus sursollicitée. Enfin, attention aux changements de modèles induits par les fusions et les restructurations ! Ils changent les bases de la relation avec le collaborateur. La recherche de l'excellence passe pour tous les collaborateurs par des piliers d'excellence qu'il s'agit de construire chaque jour.

Limiter le coût psychique et les phénomènes d'exclusion

La complexité des organisations et des relations d'interdépendance, la nécessité de savoir se situer, l'interculturel des équipes impliquent chez les acteurs des capacités à se positionner, à comprendre la complexité des systèmes, mais surtout à négocier en interne, à s'opposer, à gérer les conflits et les tensions, à définir des priorités, à réduire les paradoxes, à influencer, à définir un projet et une vision des évolutions... qui sont des compétences exigeantes sur le plan personnel, avec une charge mentale et émotionnelle lourde.

Ces exigences mettent en *danger d'exclusion* tous ceux qui ne sont pas capables de supporter ce type de tensions psychiques. De plus, elles développent chez la plupart des salariés un stress important qui peut, à la longue, être une source de désordres graves pour eux comme pour l'organisation.

La question des sources de la souffrance au travail a toujours divisé les sociologues, qui ont tendance à voir dans les caractéristiques des organisations et du management la raison des difficultés, et les psychologues, qui sont plus sensibles aux caractéristiques des individus en panne d'adaptation aux systèmes proposés : la question est en fait celle de l'interaction entre les capacités des individus à s'adapter, refuser et/ou faire évoluer les systèmes et les spécificités de ces systèmes qui tentent de s'imposer à eux.

Personne Organisation	Fragile	Adaptable	Mature
Adaptée	Soutien de la personne	Efficacité	Amélioration de l'organisation
Hyper exigeante	Souffrance	Stress et burn out	Performance
Inadaptée	Danger	Inefficacité	Modification ou départ

Interaction entre la personne et l'organisation

Veiller à une cohérence du modèle dans le temps

L'organisation pertinente est fonction des caractéristiques du business, mais aussi des attentes des salariés présents dans l'entreprise. Pour certains, la logique attendue est celle des possibilités d'apprentissage ou la nouveauté et le changement... Les valeurs sur lesquelles chaque entreprise a fondé son développement contribuent au choix des personnes qui s'y impliquent et les forment en retour : le changement de ces valeurs est donc vécu comme un changement profond, qui remet en cause leur implication. Cette dimension du changement dans l'entreprise est rarement pris en compte. Il suppose d'accompagner et d'expliquer les nouveaux éléments de la donne.

Ne pas oublier les plus faibles

Il est bien évident que la notion de pacte de management et la construction d'une résilience au niveau de l'individu sont plus faciles à intégrer par des salariés hautement qualifiés et ayant maintenu vivace la capacité d'apprendre. La situation est plus difficile pour les salariés tenant, et surtout ayant tenu sur une longue période des postes purement d'exécution, que cela soit d'ailleurs dans l'industrie ou les services.

Cela ne signifie pas qu'ils ne doivent pas être un souci permanent.

Il faut réintroduire pour eux des éléments de sécurité et de stabilité dans un monde devenu sans repères et de plus en plus incertain. Certains des moyens appartiennent au domaine de l'environnement de l'entreprise (réseaux de sociabilité facilitant la mobilité géographique, portabilité facilitée des droits, etc.)

Au niveau de l'entreprise, des moyens peuvent aussi être mobilisés. Le rôle indispensable de la formation, maintes fois souligné, doit encore être rappelé. Toutefois sa conception dans une perspective nouvelle implique deux conditions supplémentaires pour assurer son meilleur fonctionnement. Actuellement, ce sont souvent les mieux formés initialement (ingénieurs, cadres et techniciens) qui absorbent la grande masse des efforts de formation. Il conviendrait au contraire d'orienter le gros des actions vers les plus démunis sur le plan des compétences techniques aussi bien que comportementales. D'autre part, remplir la première condition implique de passer par une seconde. La logique des plans de formation en entreprise passe souvent par une logique de « push ». Des programmes et des catalogues existent, des actions sont décidées, c'est aux salariés de se porter volontaires et/ou de rechercher les possibilités vers lesquelles ils veulent s'orienter. Viser les populations les plus démunies implique une logique intense. Il faut d'abord rechercher à qui la formation peut bénéficier, et ensuite aller les chercher et les convaincre.

Par ailleurs, l'établissement de parcours qualifiants peut amener une progression pour certains vers des emplois plus qualifiés. Des filières d'évolution basées sur l'exploitation des compétences générales peuvent permettre d'évoluer transversalement entre familles d'emplois proches. Enfin, la place de la promotion interne doit être renforcée.

Cependant, des formules plus innovantes sont possibles. Par exemple, paradoxalement, il faudrait favoriser et valoriser la constitution de réseaux internes à l'organisation (alors qu'ils étaient clandestins). L'incertitude est anxiogène. Chacun a besoin de contrôler son environnement et son futur et sait obscurément que c'est néanmoins impossible. En résulte entre autres effets une culture du surinvestissement professionnel, ou chacun retrouve des repères (perdus auparavant) et qui permet à chacun de blâmer les autres et de leur faire porter la responsabilité de tout événement défavorable, pour soi et l'organisation (car chacun fait le maximum). Les réseaux internes, au contraire, peuvent contribuer à sécuriser.

Il convient aussi de recréer ce qui était appelé des « carrières ouvrières » avec néanmoins des aménagements de cette idée. D'une part, il convient de parler de carrières dans les postes d'exécutants plus que dans des postes ouvriers, compte tenu des évolutions rappelées dans la première partie de cet ouvrage. Bien entendu, il ne s'agit pas de le faire artificiellement en créant des « grades » vides de sens, mais en reconnaissant et en valorisant des compétences réelles.

L'on voit bien, à l'observation, que certaines compétences identifiables font toute la différence dans la tenue d'un poste d'exécution, bien au-delà et indépendamment du contenu technique simple du poste. La réactivité à l'imprévu et aux problèmes, les qualités de communication, la capacité d'innover, la capacité à former d'autres et à transmettre des compétences, souvent acquises sur le tas en complément des connaissances formelles, toutes ces données existent et pourraient faire l'objet d'une reconnaissance et d'une valorisation officielle.

4ᵉ thème : l'expérimentation sociale

Notre manque de pratique contractuelle

La France n'a pas guère de traditions contractuelles… et nous sommes convaincus que le dialogue social est un élément important, cardinal de la relation au travail. « On ne peut laisser l'individu seul face à l'entreprise », reconnaissait un DRH. « Ce n'est bon ni pour lui ni pour l'entreprise, il faut aussi des régulations externes, mais en face à face ».

Plusieurs raisons peuvent être avancées pour expliquer ce handicap. Les relations sociales dans l'entreprise sont marquées par une grande méfiance réciproque. On pourrait même parler de peur : en effet, un accord entre partenaires sociaux et direction engage ! À cette notion d'engagement sont associées des réactions de craintes. Alors que l'entreprise vit dans un contexte de changement, un accord fige une situation. Alors une inquiétude naît : ne risque-t-on pas, une fois l'accord signé, de découvrir, dans quelques mois, des inconvénients, pour l'une ou l'autre des parties, qui avaient été sous-estimés ou même ignorés ? Circonstance aggravante, la plupart des accords signés en France sont à durée indéterminée. Est-ce que le texte d'aujourd'hui ne se révélera pas devenir un obstacle, dans un futur plus ou moins lointain, à des transformations nécessaires du fait de l'évolution du contexte ? Tout ceci ne peut que renforcer une direction d'entreprise dans la crainte de s'engager pour longtemps.

Une conception de l'expérimentation sociale

Nous avons vu précédemment, dans la seconde partie mais aussi dans nos propos sur le pacte de management, combien les accords collectifs, la politique contractuelle étaient importants, même si les salariés n'en étaient pas toujours conscients.

Pour éviter cette « paralysie contractuelle » et favoriser le développement important des pratiques collectives, il s'agit, par exemple, face à un changement envisagé, de convenir avec les partenaires sociaux qu'une nouvelle organisation sera « essayée » pendant un temps défini, sans que cela engage définitivement les parties prenantes – direction et représentants des salariés. Les modalités du changement qui vont être expérimentées ainsi que le personnel concerné sont définis, la date de la fin de l'expérience, précisée d'emblée. À l'issue de cette période, les signataires de cet accord d'expérimentation (direction et partenaires sociaux) se retrouvent. Ils analysent l'expérience, dressent la liste des avantages, des difficultés rencontrées ou des inconvénients pour l'entreprise ou pour les salariés.

Trois situations se présentent alors :

• le changement s'est révélé concluant. Il a apporté les avantages attendus, sans inconvénients majeurs. Il peut alors être formalisé dans un accord ;

- le changement initié pendant la période d'essai présente des avantages, mais aussi quelques inconvénients pour l'une ou l'autre des parties (par exemple, le risque pour l'entreprise que les délais ne soient pas tenus ou, pour les salariés, que la flexibilité soit trop difficile à vivre). Si le positif néanmoins l'emporte, on cherchera alors à aménager, compenser ou faire disparaître les difficultés mises en lumière pendant l'expérimentation. Et l'on peut à nouveau partir pour une nouvelle période d'essai ;

- le changement testé se révèle favorable pour l'un mais insupportable pour l'autre. Du fait du système même de l'expérimentation, le bénéficiaire ne peut pas arguer d'un « droit acquis ». La démarche sera abandonnée.

Une démarche moderne

L'expérimentation peut changer la donne des relations sociales et de l'innovation. La direction de l'entreprise peut s'engager plus facilement puisqu'elle sait que, si le résultat est inadapté, ou trop coûteux, elle peut mettre fin à l'expérience, sans « rompre un accord ». Les syndicats, eux aussi, peuvent abandonner leur frilosité devant les changements proposés par la direction. Ils peuvent en effet assurer aux salariés que, si les contraintes l'emportent, la direction ne prolongera ni n'imposera, le système en cours d'essai. Cette pratique contribue à faire évoluer la culture du changement et favoriser la régulation du travail par des démarches collectives « plus protectrices des salariés … et in fine de l'entreprise » constatait un DRH.

De leur côté, les directions d'entreprise n'ont plus d'alibi pour refuser de faire évoluer modes de production ou modalités de fonctionnement. L'expérimentation libère l'imagination créatrice. L'économique et le social, au lieu de s'opposer, peuvent ainsi coopérer pour créer des résultats, des emplois, des salaires grâce à la performance née de l'innovation.

Pour avancer en confiance : l'accord après l'accord

Pour vaincre une inévitable méfiance réciproque, la technique de « l'accord après l'accord » peut se révéler utile. Il s'agit initialement de se placer dans la problématique contractuelle habituelle, mais de se donner les moyens d'en sortir et de bâtir une dynamique d'apprentissage mutuel. Une fois qu'un accord a été conclu, dans le cadre habituel, les parties peuvent décider de garder cet accord « en réserve ». Si l'on ne peut faire mieux, l'on pourra toujours retomber sur les provisions qu'il contient, peut-être pas idéales, mais acceptables par tous, par définition. Une fois cet accord mis de côté, alors les mêmes négociateurs vont chercher si, en commun, ils ne peuvent pas faire mieux, et découvrir un nouvel accord avec des dispositions plus favorables, au moins sur certains points, aux deux côtés, ou d'importance égale pour l'un et plus adaptées pour l'autre.

Une telle procédure donne des garanties, dissout la méfiance réciproque et apprend aux parties à mieux travailler ensemble. L'expérimentation permet de conduire le changement de façon concertée en prenant en compte les dimensions sociales et en faisant appel aux capacités d'innovation de tous.

5ᵉ thème : savoir (faire) sortir des sentiers battus

Concevoir sa propre organisation

Prendre en compte les spécificités des salariés mais aussi prendre en compte les spécificités des entreprises semblent être des enjeux d'actualité. Il s'agit pour cela de respecter la *variété requise* à l'intérieur et entre les entreprises : ne pas hésiter à construire des organisations qui se différencient des courants dominants, capables d'attirer et de retenir des personnes dont les valeurs seront en adéquation avec celles qui sont sous jacentes aux compétences indispensables à l'efficacité collective dans cette structure.

Reprenons quelques évidences : n'écouter que les clients peut être suicidaire dans certains cas ; la mobilité des cadres est une contrainte pour beaucoup qui préféreront une stabilité géographique, gage de qualité de vie et d'investissement dans l'entreprise, la compétence technique, tellement moins prisée actuellement que la compétence managériale, peut retrouver demain tout son attrait ; la complexité et la mobilité permanente sont des choix qui correspondent à des gestions des ressources humaines différentes qu'il est coûteux de vouloir changer trop souvent et rapidement.

Nous pouvons proposer une logique d'action en matière d'organisation qui passe par *cinq temps* pour respecter à la fois les contraintes des changements volontaires et les impératifs de la place des acteurs :

- initier et définir un cadre global minimal en fonction de la situation de l'entreprise et des caractéristiques de sa (ses) culture(s), cadre appuyé sur une vision de l'entreprise (une définition claire de son identité) et une direction qui précise sa stratégie, son projet ;

- définir les pouvoirs réservés et établir les zones de subsidiarité ;

- observer les modes d'action et les interactions qui se développent pour agir : laisser les acteurs de terrain inventer des modalités de travail ;

200

- modéliser les processus les plus porteurs et souteneurs de l'action en donnant le temps que s'installent des « routines » ;

- généraliser ces pratiques, soutenir les évolutions des personnes et favoriser les process performants en développant les compétences correspondantes.

Favoriser la maturité des acteurs

Il semble que le développement d'une *réelle maturité personnelle et relationnelle*, en particulier de la capacité à reconnaître ses modes de fonctionnement et ses valeurs motrices fondamentales, soient indispensables pour s'adapter rapidement à des organisations complexes en mutation permanente. Les individus doivent y gérer les tensions, les conflits et les contradictions. Cette lucidité est un des fondements de la liberté de choisir, modifier ou refuser les logiques organisationnelles proposées.

La capacité à *développer un projet pour soi* et une structuration de ses priorités de vie, qui intègre la vie personnelle et privée, est le deuxième fondement d'une capacité à se situer face à un ensemble de choix de types d'engagements professionnels qui ouvrent sur l'ensemble des entreprises et des modalités de travail.

On peut penser que ces deux « métacompétences » sont importantes à développer :

- pour choisir le type d'organisation du travail qui correspond à ses besoins psychologiques ;

- pour s'adapter librement aux organisations complexes et super exigeantes ;

• pour refuser et faire évoluer les organisations inadaptées à la réalité du travail et celles qui ne sont pas soutenues par des modes de gestion des ressources humaines compatibles et qui donc créent des ruptures douloureuses.

Du côté de l'organisation comme de ses salariés, il faut acquérir une maturité qui permet de résister aux modes pour mieux savoir ce qui est en adéquation avec son projet.

Passer des bons sentiments aux comportements

Les chartes générales et bien pensantes fleurissent dans les entreprises : elles ne peuvent être utiles que dans la mesure où leur application est vérifiable. Il paraît plus pertinent de les compléter et de préciser les quelques comportements pertinents en rapport avec la stratégie de l'entreprise. On doit pouvoir vérifier que ces comportements sont réellement utiles et adoptés par les uns et les autres tout en laissant une certaine marge de manœuvre aux salariés.

EN RÉSUMÉ...

Nous présentons trois grandes pistes pour l'action managériale. Ces pistes ne sont pas exhaustives. Elles n'ont pas vocation non plus à créer de nouveaux modèles. Elles s'inspirent de ce que nous avons découvert sur le terrain et que nous avons modélisé quelque peu. Elles recouvrent des problématiques importantes et qui doivent être revisitées afin de prendre en compte les évolutions actuelles de la relation au travail que nous avons décrites dans la deuxième partie :
• un monde mouvant où l'emploi à vie n'existe plus ;
• le rapport entre salariés et employeurs évolue tant pour des raisons managériales, sociologiques que démographiques ;
• les entreprises ne peuvent fournir que des repères éphémères.

1ʳᵉ piste – Apprendre à rebondir ou stimuler les comportements de résilience

La résilience ne concerne pas seulement cette capacité de l'individu à encaisser des chocs de carrière professionnelle mais surtout sa capacité à anticiper la survenue de ces chocs et à s'engager dans une voie qui soit satisfaisante pour lui.

La résilience n'est pas que l'affaire de l'individu : c'est aussi celle de l'entreprise qui peut favoriser et soutenir les comportements résilients de ses collaborateurs, à travers les politiques et les pratiques de gestion des ressources humaines. Elle suppose que :

- Le salarié développe sa résilience individuelle
  - savoir rêver le futur
  - donner du sens à ce qui est vécu
  - savoir organiser son entourage et son soutien social
  - trouver un équilibre personnel et professionnel
  - construire sa résilience professionnelle
  - gérer ses émotions et développer les compétences émotionnelles
- L'entreprise gère la résilience organisationnelle
  - impliquer le management direct
  - laisser s'établir des relations fréquentes avec certains membres de la hiérarchie
  - composer les équipes avec des collaborateurs ayant des niveaux différents de résilience
  - développer le quotient émotionnel des collaborateurs.
  - sensibiliser les dirigeants à l'exemplarité du comportement dans les situations de crise
  - sensibiliser les collaborateurs à l'éphémère et dédramatiser les situations de changement.
  - procéder à des affectations de collaborateurs demandeurs de développement en termes de résilience « sur des projets sensibles »
  - évaluer les managers sur leur capacité à développer la résilience de leurs collaborateurs
  - susciter les comportements d'intelligence économique et sociale
  - consacrer du temps et des moyens au salarié pour valider ses motivations profondes
  - développer des exercices où l'on simule des situations risquées dans lesquelles la résilience est une capacité indispensable
  - repenser le métier et la formation des spécialistes de RH.

2e piste – Piloter le pacte de management

De façon implicite, les salariés concluent avec l'entreprise, à côté du contrat juridique, des contrats moraux ou psychologiques que nous avons préféré appeler pactes de management. L'enjeu est ici de savoir les piloter.

En entrant dans une entreprise, le salarié attend non seulement ce qui figure dans son contrat de travail, mais il a aussi d'autres attentes, soit spontanées, soit des attentes liées à des promesses qu'il a perçues de la part de l'entreprise. Les résultats de notre enquête démontrent que, si ces attentes ne sont pas satisfaites, et surtout sans explication, il y a alors rupture catégorique de la confiance, de la motivation et de l'engagement actif dans la relation de travail. Ceci est d'autant plus difficile à gérer que nous sommes dans le non-dit et qu'aujourd'hui la réaction négative des salariés est non seulement plus rapide mais aussi plus légitime dans leur esprit qu'elle ne l'était chez les plus anciens.

L'évolution démographique à venir, annonçant une raréfaction des ressources, renforcera probablement cette puissance du salarié. Il pourra alors quitter aisément l'entreprise, dès lors que le pacte de management ne sera pas respecté pour aller ailleurs. D'où l'importance pour l'entreprise de savoir piloter cette dimension implicite de la relation de travail.

Piloter le pacte suppose plusieurs étapes :
- admettre l'existence dans la relation de travail d'attentes implicites et spécifiques à chaque salarié ;
- apprendre à décoder et à anticiper l'implicite des situations qui risquent d'être vécues comme des ruptures du pacte de management ;
- les expliciter et oser négocier.

Tout cela nous renvoie vers un management plus personnel au sein de l'entreprise, non exclusif d'un management collectif. Le recours au pacte de management permet de rééquilibrer la relation manager-collaborateur.

3e piste – Repenser l'organisation : pour de nouveaux points de repère !

Dans une entreprise mouvante où règne l'éphémère, il est important, tant pour la motivation du salarié et son équilibre que pour la performance de l'entreprise, de trouver d'autres points de repère.

La difficulté à donner du sens ne doit pas être un tabou.

Nous proposons au salarié les moyens de trouver eux-mêmes leurs propres repères dans des entreprises où les repères ne durent guère plus que le temps de vie d'un papillon.
• faire fi de tout modèle idéal ;
• analyser les jeux de pouvoir, en particulier liés à l'information ;
• admettre les routines ;
•
•

Nous avons pu distinguer 4 thèmes concernant l'organisation que les managers peuvent aborder :
• s'organiser selon le principe de la subsidiarité ;
• clarifier les rôles de l'équipe dirigeante ;
• mieux gérer les postes et leurs titulaires ;
• expérimenter pour moderniser les relations sociales ;
• savoir (faire) sortir des sentiers battus.

CONCLUSION

Plus ouverte à plus de partenaires, plus disposée (par choix ou nécessité) à rentrer dans des négociations gagnant-gagnant, plus limitée dans sa « toute-puissance », *l'entreprise* va probablement devoir revisiter l'organisation de la relation de travail, c'est ce qu'attendent avec énergie et conviction ses salariés.

La photo que nous avons faite de la relation au travail aujourd'hui, traduit cette évolution. Pour le salarié, si le travail reste bien une valeur, si l'envie de s'investir est réelle, la liberté, l'autonomie, l'exigence, la lucidité face au travail se sont accentuées.

Le salarié ne veut plus subir passivement les contraintes de la vie professionnelle ; il a des aspirations propres qui ne sont désormais plus exclusivement centrées sur le monde du travail, et il les revendique. Il veut développer (et non plus seulement sauvegarder) sa vie personnelle. La réussite multipolaire a succédé à la réussite unipolaire.

Le salarié a désormais une « gestion stratégique » de la relation au travail et la remet volontiers en question dès lors que ses attentes sont déçues.

Les chefs devenus responsables hiérarchiques puis *managers* doivent prendre en compte ces nouveaux comportements.

Dans les rapports hiérarchiques, ce sont actuellement les 45-55 ans qui en vivent les chocs et les contrecoups : ils s'attendent à ce que les jeunes générations continuent à fonctionner « comme avant », selon le modèle hiérarchique traditionnel où l'on discute peu et où le lien de subordination était fort. Or la génération des moins de 45 ans est vivement ancrée dans l'autonomie, la négociation, et la réussite mesurée à l'aune des différents versants de la vie (famille, loisirs et passions, amis, communautés diverses) et d'un engagement dans l'entreprise sous conditions. Ils ne veulent plus être des simples subordonnés mais plutôt des coacteurs, pas nécessairement de l'entreprise comme le rêvaient leurs aînés dans les années quatre-vingt, mais au moins de leurs relations au travail.

L'*entreprise* est perçue sans conteste comme protéiforme, incertaine et en mutation permanente, tant dans ses formes organisationnelles que dans ses objectifs propres. Elle crée toujours plus de pressions (toujours plus de performance, de réactivité, de rapidité, de complexité, de face-à-face, de sursollicitation des émotions…), et exige ou, selon les salariés, offre aussi plus d'implication et de situations de réalisation de soi. Par ailleurs, l'entreprise commence à rêver à nouveau au concept de fidélité… fidélité assez unilatérale de la part du personnel qui se raréfiera à moyen terme. Le rapport de forces classique entre entreprise et salariés risque de s'inverser plus vite que préparé !

Aller travailler aujourd'hui, pour la quasi-totalité des salariés que nous avons rencontrés, est un acte important, constitutif de sens, d'identité, de réalisation de soi… et souvent de souffrances.

L'entreprise a beaucoup d'atouts pour préserver, améliorer cette relation au travail… et donc aussi beaucoup de responsabilités.

L'entreprise peut et doit d'après nous, apporter sa pierre à la construction de sens dans la société. Après avoir symbolisé la logique du tout-productif (ère taylorienne), du tout-économique, elle doit créer dès aujourd'hui les bases d'un modèle plus relationnel et équilibré.

Si notre optimisme peut étonner certains, il est le reflet de ceux que nous avons rencontrés, qui, sans nier la dure réalité, continuent d'y croire.

© Usine nouvelle

TEST

Évaluer le degré de résilience dont on peut faire preuve n'est pas une opération aisée.

En effet, il s'agit pour chacun de distinguer et de s'interroger sur :

- RI : sa résilience individuelle – celle qui caractérise l'individu et ce qu'il met en œuvre ;

- RO : la résilience organisationnelle – celle qui caractérise ce qui se passe dans l'entreprise où le salarié travaille et ce qu'elle met en œuvre.

Pour chacun des deux types de résilience, il est important aussi de distinguer :

- ce qui relève du discours : « Notre entreprise a l'intention d'accompagner les projets individuels », « Je vais m'efforcer de repérer les opportunités de postes en dehors de mon unité »…

- ce qui relève du comportemental et des faits : « L'entreprise a procédé à la réalisation de 360 ° et nous a communiqué les résultats », « Je viens de faire part à la DRH de mon souhait de changer de fonction »…

L'un des best-sellers aux États-Unis sur le sujet de la résilience s'intitule d'ailleurs *Ajustez les voiles* et conseille aux managers une approche systémique.

Le diagnostic ci-après permet de mesurer votre degré de résilience et celui de votre entreprise. Prenez le temps de l'effectuer et de vous poser les questions qui en découlent.

Test de résilience de carrière :

autodiagnostic développé par Yochanan Altman[1] et Frank Bournois, 2002

	MOI	L'ENTREPRISE
Ce que l'on dit	Ria	Roa
Ce que l'on fait	Rip	Rop

Pour chacune des phrases ci-dessous, vous indiquerez :
- la *force* du propos : combien c'est vrai dans votre entreprise ;
- *l'importance* que l'on y accorde dans votre entreprise.

DANS MON ENTREPRISE...	LA FORCE DU PROPOS	L'IMPORTANCE ACCORDÉE
1. Chez nous, les personnes sont concrètement encouragées à se prendre en charge pour leur développement professionnel	7 6 5 4 3 2 1	*Très important/ Moyennement important/ Pas important*
2. On nous répète volontiers que les collaborateurs sont encouragés à développer leur employabilité	7 6 5 4 3 2 1	*Très important/ Moyennement important/ Pas important*
3. On nous dit que l'entreprise prend en compte les spécificités individuelles lorsqu'elle gère les carrières	7 6 5 4 3 2 1	*Très important/ Moyennement important/ Pas important*

Nota : 7 = propos très fort / 1 = propros très faible

---

1. Actuellement professeur de management à l'université Metropolitan de Londres ; www.globalhrm.org.uk

DANS MON ENTREPRISE...	LA FORCE DU PROPOS	L'IMPORTANCE ACCORDÉE
4. L'entreprise se plaît à dire que toutes les possibilités de carrière sont analysées (carrières verticales, latérales, reconversion externe…) quand il s'agit de mobilité ou de promotion	7 6 5 4 3 2 1	*Très important/ Moyennement important/ Pas important*
5. La hiérarchie pense que les évolutions de l'entreprise sont suffisamment signalées aux individus afin qu'ils puissent anticiper et construire leurs propres choix de carrière	7 6 5 4 3 2 1	*Très important/ Moyennement important / Pas important*
6. La hiérarchie estime que c'est une bonne chose que d'organiser des discussions régulières relatives à la carrière	7 6 5 4 3 2 1	*Très important/ Moyennement important/ Pas important*
7. Le fait d'innover et de rendre des comptes sur ces innovations est concrètement récompensé	7 6 5 4 3 2 1	*Très important/ Moyennement important/ Pas important*
8. Chez nous, plusieurs exemples montrent bien que les individus sont responsables de leur propre carrière	7 6 5 4 3 2 1	*Très important/ Moyennement important/ Pas important*
9. On estime que c'est une bonne idée d'indiquer aux collaborateurs les compétences qui comptent actuellement ainsi que celles qui compteront dans le futur	7 6 5 4 3 2 1	*Très important/ Moyennement important/ Pas important*

DANS MON ENTREPRISE...	LA FORCE DU PROPOS	L'IMPORTANCE ACCORDÉE
10. On peut dire que le Service « Ressources Humaines » est un acteur impartial dans l'affectation des personnes et des opportunités de poste	7 6 5 4 3 2 1	*Très important/ Moyennement important/ Pas important*
11. On trouve naturel de donner aux individus des informations détaillées sur les opportunités de carrière qui pourraient se présenter	7 6 5 4 3 2 1	*Très important/ Moyennement important/ Pas important*
12. Le potentiel individuel fait l'objet d'une évaluation régulière	7 6 5 4 3 2 1	*Très important/ Moyennement important/ Pas important*
13. Il y a plus de mobilité entre les grandes fonctions (marketing, production, RH...) que par le passé	7 6 5 4 3 2 1	*Très important/ Moyennement important/ Pas important*
14. L'encadrement est évalué sur les efforts déployés à prendre en compte les besoins des collaborateurs	7 6 5 4 3 2 1	*Très important/ Moyennement important/ Pas important*

Veuillez maintenant indiquer, pour chacune des phrases : sa *pertinence* et son *importance* pour *vous* en tant que personne.

MOI	PERTINENCE TRÈS VRAI/PAS VRAI	IMPORTANCE
15. Je suis en mesure de lister mes objectifs de carrière	7 6 5 4 3 2 1	*Très important/ Moyennement important/ Pas important*
16. Je me plais à dire qu'en fin de compte on a certaine-ment le contrôle sur sa propre carrière	7 6 5 4 3 2 1	*Très important/ Moyennement important/ Pas important*
17. Il me paraît normal que mon entreprise soit au courant de toute information personnelle qui pourrait avoir des conséquences sur mes décisions de carrière	7 6 5 4 3 2 1	*Très important/ Moyennement important/ Pas important*
18. Je suis en mesure d'exprimer les objectifs de carrière et les aspirations de mes subordonnés directs	7 6 5 4 3 2 1	*Très important/ Moyennement important/ Pas important*
19. Je trouve normal de prendre en charge son propre développement personnel	7 6 5 4 3 2 1	*Très important/ Moyennement important/ Pas important*
20. L'idée me plaît de discuter de mes objectifs à long terme avec mon hiérarchique	7 6 5 4 3 2 1	*Très important/ Moyennement important/ Pas important*
21. Je rêve d'un plan de progression professionnelle que je pourrais mettre à jour régulièrement	7 6 5 4 3 2 1	*Très important/ Moyennement important/ Pas important*

Moi	PERTINENCE TRÈS VRAI/PAS VRAI	IMPORTANCE
22. Je suis d'avis qu'il faut prêter attention à tout type d'évolution possible (verticale, latérale…)	7 6 5 4 3 2 1	*Très important/ Moyennement important/ Pas important*
23. Je fais tout pour savoir ce que mon entreprise pense de moi en termes de potentiel	7 6 5 4 3 2 1	*Très important/ Moyennement important/ Pas important*
24. Il me semble normal de prendre en main les étapes de son propre parcours profes-sionnel	7 6 5 4 3 2 1	*Très important/ Moyennement important/ Pas important*
25. Je m'efforce de créer des occasions qui permettent de discuter de mes objectifs professionnels avec mon chef	7 6 5 4 3 2 1	*Très important/ Moyennement important/ Pas important*
26. Je peux donner des exem-ples où je m'efforce de faire coïncider mes objectifs professionnels avec les besoins de l'entreprise	7 6 5 4 3 2 1	*Très important/ Moyennement important/ Pas important*
27. En matière de manage-ment de mes évolutions, je m'organise pour obtenir le plus de feed-back possible de mes collègues, de ma hiérar-chie ou de mes subordonnés	7 6 5 4 3 2 1	*Très important/ Moyennement important/ Pas important*
28. J'ai déjà pris des contacts avec des personnes en interne (mentor…) car elles peuvent améliorer ma connaissance et mon apprentissage de l'entre-prise	7 6 5 4 3 2 1	Très important/ Moyennement important/ Pas important

Calculez vos résultats...

Étape I – Additionnez les valeurs présentes aux questions 2, 3, 4, 5, 6, 9, 11. Pour toute réponse de la colonne 3 où vous avez répondu « très important », ajoutez un point. Reportez ici le score total :_____ ROA

Étape II – Additionnez les valeurs présentes aux questions 1, 7, 8, 10, 12, 13, 14. Pour toute réponse de la colonne 3 où vous avez répondu « très important », ajoutez un point. Reportez ici le score total :_____ ROP

Étape III – Additionnez les valeurs présentes aux questions 16, 17, 19, 20, 21, 22, 24. Pour toute réponse de la colonne 3 où vous avez répondu « très important », ajoutez un point. Reportez ici le score total :_____ RIA

Étape IV – Additionnez les valeurs présentes aux questions 15, 18, 23, 25, 26, 27, 28. Pour toute réponse de la colonne 3 où vous avez répondu « très important », ajoutez un point. Reportez ici le score total :_____ RIP

Interprétation de vos résultats...

ROA = ce que mon entreprise dit faire : la résilience organisationnelle
ROP = ce que mon entreprise pratique effectivement : la résilience organisationnelle
RIA = ce que je pense et ce que je dis : la résilience individuelle
RIP = ce que je fais véritablement : la résilience individuelle

Un score de 41 et plus est un score très élevé. Il suggère que cet aspect est très développé.

Un score compris entre 29 et 41 signifie que cet aspect est assez développé.

Un score compris entre 16 et 28 signifie que cet aspect est peu développé.

Un score inférieur à 15 signifie que cet aspect est peu présent.

	CE QUE L'ON DIT	CE QUE L'ON FAIT
Résilience organisationnelle (votre ENTREPRISE)	ROA =	ROP =
Résilience individuelle (VOUS)	RIA =	RIP =

Questions à se poser en matière de résilience à l'issue de votre diagnostic :

- repérez les scores les plus forts et les plus faibles que vous avez obtenus ;
- y a-t-il une cohérence entre les attitudes et les pratiques de l'entreprise ? Qu'en concluez-vous ?
- constatez-vous des écarts importants entre VOS attitudes (ce que vous dites) et VOS pratiques (ce que vous faites) ? Qu'est-ce que cela vous inspire ?

Faites une liste des écarts qui vous surprennent le plus et interrogez-vous sur les conséquences que cela peut avoir en termes de pilotage de votre parcours professionnel.

Essayez de discuter ces résultats avec des personnes qui vous connaissent bien dans l'entreprise et à l'extérieur de celle-ci.

Les réponses aux questions qui précèdent rendent alors possible le positionnement de chacun sur la matrice résilience présentée plus haut.

BIBLIOGRAPHIE

Première partie

BOLTANSKI L., CHIAPELLO E., *Le nouvel esprit du capitalisme*, Paris, Gallimard, 1999.

Le cercle des économistes, Espérances et menaces de la nouvelle économie, Paris, Descartes et Cie, 2000.

CASTEL R., *Les métamorphoses de la question sociale : une chronique du salariat*, Paris, Gallimard, 1999.

CROZIER M., FRIEDBERG E., *L'acteur et le système*, Paris, Le Seuil, 1992.

FRANCFORT I., OSTY F., SAINSAULIEU R., UHALDE M., *Les mondes sociaux de l'entreprise*, Paris, Desclées de Brouwer, 1995.

Le GOFF J.-P., *Le mythe de l'entreprise*, Paris, La Découverte, 1996.

SUPIOT A. , *Au-delà de l'emploi*, rapport de la Commission européenne, Paris, Flammarion, 1994.

Rapport BOISSONNAT

Deuxième partie

AUBERT N. et ROUX-DUFORT C., *Le culte de l'urgence : la société malade du temps*, Flammarion, 2003.

BAUDELOT C., GOLLAC M., *Travailler pour être heureux*, Paris, Fayard, 2002.

DUBAR C., *La crise des identités, l'interprétation d'une mutation*, Paris, PUF, 2001.

EHRENBERG A., *la fatigue d'être soi*, Paris, Odile Jacob, 2000.

EHRENBERG A., *Le culte de la performance*, Paris, Odile Jacob, 2000.

GAUCHET M., *La démocratie contre elle-même*, Paris, Gallimard, 2002.

GROUX G., *Vers un renouveau du conflit social,* Paris, Bayard Éditions, 1998.

HANDY C., *The elephant and the flea,* Harvard Business School Press, janvier 2002.

Le GOFF J.-P., *Les illusions du management,* Paris, La Découverte, 2001.

LÉGERON P, *Le stress au travail,* Paris, Odile Jacob, 2001.

LÉVY-LEBOYER C., *La motivation de l'entreprise : modèles et stratégies,* Paris, Éditions d'Organisation.

MÉDA D., *Le travail, une valeur en voie de disparition,* Paris, Aubert, 1995.

MENDRAS H.., *La France que je vois*, Paris, Autrement, 2002

RAY J.E, *Le droit du travail à l'épreuve des NTIC,* Éditions Liaisons, 2001.

SÉRIEYX H., *Les jeunes et l'entreprise, des noces ambiguës,* Paris, Eyrolles, 2002.

Troisième partie

ALBERT E., N'GUYEN NHON D., *N'obéissez plus !* Paris, Éditions d'Organisation, 2001.

ALLOUCHE J., SIRE B., *Ressources humaines, une gestion éclatée,* Paris, Economica, 1998.

AMADIEU J.-F., ROJOT J., *Gestion des ressources humaines et relations professionnelles*, Litec, 1996.

ANDRÉ C., *Vivre heureux : psychologie du bonheur*, Paris, Odile Jacob, 2003.

BIBLIOGRAPHIE

BLYTON P. et TURNBULL P., *Reassessing Human Resource Management*, Sage Publication, 1992.

BOISSONNAT J., *La fin du chômage*, Paris, Calmann-Lévy, 2001.

BOURNOIS F. et ROUSSILLON S., *Préparer les dirigeants de demain*, Éditions d'Organisation, 1998.

CYRULNIK B., *Un merveilleux malheur*, Paris, Odile Jacob, 2002.

DEJOURS C., *Souffrance en France. La banalisation de l'injustice sociale*, Paris, Le Seuil, 1998.

DRUCKER P., *The practice of management*, HarperBusiness, 1993.

DUBAR C., *La crise des identités, l'interprétation d'une mutation*,

HABERMAS J., *Théorie de l'agir communicationnel*, Paris, Fayard, 1987.

HALL E. T., *Le langage silencieux*, Paris, Le Seuil, 199

IRIBARNE PH. D', *La logique de l'honneur*, Paris, Le Seuil, Points Essais, 1993.

MARC E., *L'approche de Palo Alto*, L'école de Palo Alto chez Retz ?

MARCH J. G. et SIMON H. A., *Organizations*, New York, J. Wiley, 1958.

SANDHOLTZ K., DERR B., BUCKNER K. et CARLSON D., *Beyong Juggling, Rebalancing Your Busy Life*, New York, Berrett Koehler, 2002.

SCHEIN E., *Career Anchors, Discovering Your Real Values*, Jossey-Bass Inc, 1990.

ROJOT J., *Théorie des organisations*, Eska, 2003.

ROUSSEAU D. M., *Psychological Contracts in Organizations : Understanding Written and Unwritten Agreements*, Thousand Oaks, Sage, 1995.

SAINSAULIEU R., *Sociologie de l'organisation et de l'entreprise*, Paris, Presses de Sciences Po-Dalloz, 1987.

SCHEIN E. H., *Organizational psychology*, Englewood Cliffs, Prentice-Hall, 1965.

SERVAN-SCHREIBER D., *Guérir le stress, l'anxiété, la dépression sans médicament ni psychanalyse*, Paris, Robert Laffont, 2003.

THÉVENET M., *Le plaisir de travailler*, Paris, Éditions d'Organisation, 2001.

ZELINSKI E., *L'art de ne pas travailler*, Paris, Éditions d'Organisation, 1998.

INDEX

www.ingramcontent.com/pod-product-compliance
Lightning Source LLC
Chambersburg PA
CBHW061012280326
41935CB00009B/935